WINTERBERG

Betäubungsmittel im Straßenverkehr

Reihe: Schnell informiert

Betäubungsmittel im Straßenverkehr

Carsten Winterberg
Polizeirat

4., aktualisierte Auflage, 2022

BOORBERG

Bibliografische Information der Deutschen Nationalbibliothek | Die Deutsche Nationalbibliothek verzeichnet diese Publikation in der Deutschen Nationalbibliografie; detaillierte bibliografische Daten sind im Internet über www.dnb.de abrufbar.

4. Auflage, 2022
ISBN 978-3-415-07161-2

Titelfoto: © Torkhov – stock.adobe.com | Satz: abavo GmbH, Nebelhornstraße 8, 86807 Buchloe | Druck und Bindung: plump druck & medien GmbH, Rolandsecker Weg 33, 53619 Rheinbreitbach

Richard Boorberg Verlag GmbH & Co KG | Scharrstraße 2 | 70563 Stuttgart
Stuttgart | München | Hannover | Berlin | Weimar | Dresden
www.boorberg.de

Vorwort

Die nunmehr vierte Auflage dieses Werkes zeigt, wie wichtig das Thema Betäubungsmittel im Straßenverkehr trotz allen technischen Fortschritts immer noch ist.

Die fortschreitende Digitalisierung, die wir ständig im Straßenverkehr bemerken und zukünftig noch intensiver bemerken werden, und die Automatisierung werden die Verkehrssicherheit grundsätzlich begünstigen. Der Mensch als Zentrum des Verkehrsgeschehens wird bleiben.

Letztendlich ist das wichtigste Element zur Verhinderung von Verkehrsgefahren weiterhin der voll handlungsfähige Verkehrsteilnehmer.

Auch die neueren, teilweise bereits umgesetzten und praktizierten Ansätze der Medizin werden in den Verkehrsbereich hineinreichen. Die Anzahl von Patienten, die Betäubungsmittel zur Schmerz- oder Suchtbehandlung auf ärztliche Verschreibung erhalten, wird sich sicherlich erhöhen. Das führt folglich zu einer vermehrten Anzahl von Verkehrsteilnehmern, insbesondere Kraftfahrzeugführern, die medizinisch indiziert mit Betäubungsmitteln im Körper auf den Straßen unterwegs sind; neben denen unter teils psychoaktivem Medikamenteneinfluss. Je nach Feststellsituation wird jeder Fall rechtlich individuell mit allen praktischen Problemstellungen zu prüfen sein.

Das Wissen über alkoholbedingte Fahrunsicherheit wird nicht näher erläutert.

Verkehrspräventive Arbeit und Fahrschulen

Bekanntermaßen löst repressives Tätigwerden nicht alle Probleme, auch nicht im Verkehrsbereich.

Neben diversen notwendigen Kampagnen, beispielsweise des Bundes gegen Alkohol und Drogen im Straßenverkehr e. V., ist es sinnvoll, dort anzusetzen, wo der Startpunkt der motorisierten Fahrkarriere aller liegt: bei den Fahrschulen.

Zu den theoretischen Inhalten der Fahrausbildung gehört folgerichtig die Lektion über die persönlichen Voraussetzungen und den Risikofaktor Mensch, die insbesondere Kenntnisse zu Einschränkungen durch Alkohol und andere Drogen vermittelt.

Darüber hinaus vielversprechend ist das „Peer"-Projekt, das auf Information von Fahrschülern über Risiken von Alkohol- und Drogenkonsum durch junge Führerscheinneulinge abzielt und bei Beteiligten gut ankommt. Es wurde ab 2000 entwickelt und von 2003 bis 2005 in acht Bundesländern, schließlich bis 2008 als EU-Modellprojekt in einigen EU-Mitgliedstaaten durchgeführt. Aktuell läuft es in neun Bundesländern in vielen Fahrschulen. (www.peer-projekt.de)

Gewidmet der MQ 2021: Claudia Stickelbrock, Guido Bloch, Stefan Boese, Andreas Koptik, Stefan Kryschik, Heiner Mies, Michael Schüttler, Bernd Schumann.

November 2021 *Carsten Winterberg*

Inhaltsverzeichnis

Abkürzungsverzeichnis

a. A.	anderer Ansicht
ABDA	Bundesvereinigung Deutscher Apothekerverbände (ursprünglich Arbeitsgemeinschaft der Berufsvertretungen Deutscher Apotheker)
Abs.	Absatz
ADEBAR	Aufbau analytischer Datenbanken, Erhebung und bundesweite Bereitstellung von analytischen Daten und Referenzmaterialien (EU-Projekt)
a. F.	alte Fassung
AMG	Arzneimittelgesetz
Anh.	Anhang
Az.	Aktenzeichen
BABl	Bundesarbeitsblatt
BADS	Bund gegen Alkohol und Drogen im Straßenverkehr e. V.
BayObLG	Bayerisches Oberstes Landesgericht
Bay PAG	Bayerisches Polizeiaufgabengesetz
BayVGH	Bayerischer Verwaltungsgerichtshof
BfArM	Bundesinstitut für Arzneimittel und Medizinprodukte
BGB	Bürgerliches Gesetzbuch
BGBl	Bundesgesetzblatt
BGH	Bundesgerichtshof
BGHSt	Sammlung der Entscheidungen des BGH in Strafsachen

BKA	Bundeskriminalamt
BMG	Bundesministerium für Gesundheit
BR	Bundesrat
BRD	Bundesrepublik Deutschland
BT	Bundestag
BT-Drs	Bundestagsdrucksache
BtM	Betäubungsmittel
BtMG	Betäubungsmittelgesetz
BtMVV	Betäubungsmittelverschreibungsverordnung
BVerfG	Bundesverfassungsgericht
BZE	Benzoylecgonin
CIF	Cannabis Influence Factor
DAZ	Deutsche Apotheker Zeitung
Drs.	Drucksache (auch: Drucks.)
DRUID	Driving under the Influence of Drugs, Alcohol and Medicines (Europäisches Projekt)
DVR	Deutscher Verkehrssicherheitsrat e. V.
EBDD	Europäische Beobachtungsstelle für Drogen und Drogensucht
EMCDDA	European Monitoring Centre for Drugs and Drug Addiction
EU	Europäische Union
EG	Europäische Gemeinschaft
e. V.	eingetragener Verein

f.	folgende
FeV	Fahrerlaubnisverordnung
ff.	fortfolgende
Fn.	Fußnote
g	Gramm
GStA	Generalstaatsanwalt, Generalstaatsanwaltschaft
h	Stunde(n)
h. M.	herrschende Meinung
INCB	International Narcotics Control Board
JBl	Justizblatt
JGG	Jugendgerichtsgesetz
JMBl	Justizministerialblatt
KBA	Kraftfahrt-Bundesamt
Kfz	Kraftfahrzeug
KG	Kammergericht
kg	Kilogramm
KK	Karlsruher Kommentar
LG	Landgericht
LKA/LKÄ	Landeskriminalamt/Landeskriminalämter

MDR	Monatsschrift für Deutsches Recht
ME PolG	Musterentwurf eines einheitlichen Polizeigesetzes
mg	Milligramm
ml	Milliliter
MPU	Medizinisch-psychologisches Gutachten (Untersuchung)
NpSG	Neue psychoaktive Stoffe Gesetz
ng	Nanogramm
NJ	Neue Justiz
NJW	Neue Juristische Wochenschrift
Nr.	Nummer
NStZ	Neue Zeitschrift für Strafrecht
NZV	Neue Zeitschrift für Verkehrsrecht
o. g.	oben genannt(e)
OLG	Oberlandesgericht
OVG	Oberverwaltungsgericht
OWiG	Gesetz über Ordnungswidrigkeiten
PKS	Polizeiliche Kriminalstatistik
PolG NW	Polizeigesetz von Nordrhein-Westfalen
RA	Rechtsanwalt
REITOX	Réseau Européen d'Information sur les Drogues et les Toxicomanies (Europäisches Informationsnetzwerk zu Drogen und Sucht)
Rn.	Randnummer(n)
RR	Rechtsprechungsreport

S.	Seite(n)
StGB	Strafgesetzbuch
Std.	Stunde(n)
StPO	Strafprozessordnung
StV	Strafverteidiger (Zeitschr.)
StVG	Straßenverkehrsgesetz
StVO	Straßenverkehrsordnung
StVZO	Straßenverkehrszulassungsordnung
t	Tonne(n)
THC	Tetrahydrocannabinol
u.g.	unten genannt
u. a.	unter anderem
UAFEK	Unterausschuss Führung, Einsatz und Kriminalitätsbekämpfung
UNODC	United Nations Office on Drugs and Crime
VersG	Versammlungsgesetz
vgl.	vergleiche
VRS	Verkehrsrechtssammlung (Zeitschr.)
VU	Verkehrsunfall
VO	Verordnung
VV	Verwaltungsvorschrift
VwGO	Verwaltungsgerichtsordnung
VwVfG	Verwaltungsverfahrensgesetz
VwVG	Verwaltungsvollstreckungsgesetz

WaffG	Waffengesetz
WHO	World Health Organisation
z. B.	zum Beispiel
Ziff.	Ziffer

I. Drogenkunde

1. Cannabis/Haschisch/Marihuana (Ebenfalls genannt: Shit, Kraut, Gear, Pot, Smoke, Herb)

Die Cannabisprodukte stammen alle von den blühenden weiblichen Cannabispflanzen. Marihuana ist das Gemisch aus den Blättern und Blüten, das Haschisch ist das Harz aus den Blütenspitzen.[1]

Von den berauschenden Wirkstoffen der Cannabispflanze ist der wohl wirksamste das THC (Tetrahydrocannabinol), welches zeitweise stärker in Marihuana als Haschisch konzentriert war, was sich mittlerweile – siehe unten – wieder umgekehrt hat.

Cannabis kann seit dem am 10.03.2017 in Kraft getretenen Gesetz zur Änderung betäubungsmittelrechtlicher und anderer Vorschriften unter erweiterten Bedingungen ärztlich auf einem Betäubungsmittelrezept verschrieben werden und wird in Anlage III zu § 1 Abs. 1 BtMG geführt.[2] Das Bundesgesundheitsministerium informiert über die Verschreibung von Cannabisprodukten auf seiner Homepage. Cannabismedikamente können beispielsweise getrocknete Blüten oder Extrakte in standardisierter Qualität oder Arzneimittel mit den Wirkstoffen Dronabinol oder Nabilon sein[3]; bislang werden ebenso die Fertigarzneien „Sativex“ und „Canemes“ (beides geschützte Marken) verschrieben.[4] Es kommt insbesondere für die Behandlung von Schmerzen oder Appetitlosigkeit in Betracht.[5] Eine Verschreibung durch jeden Arzt ist bei schwe-

---

1 Schmidbauer/vom Scheidt, S. 79.

2 BGBl vom 10.3.2017, S. 403 ff.

3 BMG, www.bundesgesundheitsministerium.de/service/begriffe-von-a-z/c/cannabis/faq-cannabis-als-medizin.html; Stand 1.8.2021.

4 BfArM, www.bfarm.de/DE/Bundesopiumstelle/Cannabis-als-Medizin/_node.html; Stand 1.8.2021.

5 BMG, www.bundesgesundheitsministerium.de/service/begriffe-von-a-z/c/cannabis/faq-cannabis-als-medizin.html; Stand 1.8.2021.

ren Erkrankungen denkbar, bei denen keine andere Medikamentenalternative besteht.[6]

Für den Anbau von Cannabis zu medizinischen Zwecken hatte das Bundesinstitut für Arzneimittel und Medizinprodukte 2019 eine Ausschreibung abgeschlossen, wodurch für die darauffolgenden vier Jahre mit einer Produktion in pharmazeutischer Qualität von insgesamt 10 400 kg durch mehrere Privatfirmen gerechnet wurde. Die Cannabisagentur im Bundesinstitut regelt den Verkauf des in der Bundesrepublik hergestellten Produkts gemäß nationaler und internationaler Regeln.[7] Weiter erforderlicher Bedarf kann durch Importe gedeckt werden, die von der Bundesopiumstelle zu genehmigen sind.

Zwischen März 2017 und Ende 2019 gab es laut einer Erhebung der Barmer insgesamt 14 986 Anträge für einen medizinisch begründeten Konsum von Cannabis (2019 allein 6094), von denen 68,4 % erfolgreich waren.[8] Daraus resultierte die Abgabe von fast 83 000 Packungen an Präparaten inklusive 20 000 Packungen unverarbeiteter Blüten in einem Wert von insgesamt ca. 35,3 Millionen Euro.[9]

Der missbräuchliche Konsum von Cannabisprodukten geschieht zumeist durch Rauchen oder Verzehr. Die akute Wirkung tritt beim Rauchen minutenschnell, beim Verzehr frühestens nach ca. 30 Minuten ein.

Typische Konsumformen sind dabei der „Joint" (Zigarettenform), der „Spacecake" (Keks mit Haschisch- oder Marihuana-Stückchen) oder auch Cannabis-Tee. Üblich ist ebenfalls das Rauchen aus Pfeifen, auch Wasserpfeifen oder sogenannten „Bongs", ent-

6 Ebenda.

7 BfArM, Pressemitteilung Nummer 4/19.

8 Barmer (Versicherung), Pressemitteilung vom 7.2.2020, https://www.barmer.de/presse/presseinformationen/pressemitteilungen/drei-jahre-cannabis-gesetz---mehr-als-zwei-drittel-der-antraege-werden-bewilligt--225248; abgerufen 12.6.2021.

9 Ebenda.

weder mit Tabak oder pur. Es werden etwa 0,2 g bis 1,5 g des handelsüblichen Cannabisprodukts beim Rauchen konsumiert.

Bei Marihuana handelt es sich wie erwähnt um das zerkleinerte Stroh und die getrockneten Blütenstände.

Haschisch selbst gibt es als Öl und in fester Form. Es erscheint bräunlich, grünlich oder auch schwarz. Geschmuggelt wird es häufig in Form größerer Platten.

Immer bedeutender wird mittlerweile der Indooranbau von Cannabis in den unterschiedlichsten Größenordnungen vom Kleinanbau in Wohnungen bis hin zum professionellen und automatisierten Anbau in Hallen; im Indooranbau sorgt insbesondere eine intensive UV-Bestrahlung der Pflanzen für eine im Vergleich zum Outdooranbau optimierte THC-Konzentration.

In Deutschland sichergestelltes Haschisch kommt überwiegend aus Marokko und wird über die Niederlande, Spanien und Frankreich nach Deutschland importiert.[10]

Das Marihuana stammt zumeist aus dem Indooranbau in Belgien, Deutschland, den Niederlanden, Spanien oder dem Outdooranbau in Albanien.[11] Eingeschmuggelt wird über die Niederlande (in Kleinmengen) oder u. a. über die Route Spanien via Frankreich.[12]

Zumeist werden Cannabisprodukte nach ihrer Herkunft und ihrem Aussehen benannt. So waren und sind unter anderem der „Grüne Türke", der „Rote Libanese" (beides mildere Sorten), der „Schwarze Afghane", der „Dunkelbraune Pakistani" (beides stärkere Sorten), das „Kenia-Gras", das „Kongo-Gras", das „Acapulco Gold" (Marihuana der milden Sorte) und das „Netherweed", eine niederländische Züchtung mit hohem THC-Anteil bekannt.[13]

---

10 BKA, Rauschgift Bundeslagebild 2020, S. 14.

11 Ebenda.

12 Ebenda.

13 Schmidbauer/vom Scheidt, S. 81 ff.

Die Wirkung des Cannabis ist dämpfend euphorisierend und kontaktsteigernd. Die Wahrnehmung wird verzerrt. Der wichtigste Wirkstoff, das THC, ist in den Haaren noch sehr lange nachweisbar. Es sollen bei Cannabiskonsumenten auch sogenannte „Flashbacks", plötzliche Rauschzustände ohne vorherige Einnahme, möglich sein. (Das Flashbackphänomen wird hauptsächlich dadurch erklärt, dass sich der Suchtstoff im Fettgewebe, so soll es speziell bei Cannabis und LSD der Fall sein, einlagert und beim Abbau des Fettes später wieder freigesetzt wird; eine andere Meinung geht davon aus, dass durch Drogenmissbrauch „Fehlschaltungen" im Gehirn gebahnt werden, die gelegentlich ohne Konsum ein Erlebnis hervorrufen können, wie es beim Gebrauch der Droge geschieht.[14] Das Flashbackphänomen ist wissenschaftlich nicht belegt.)

Für 2019 wurden folgende Durchschnittspreise in Deutschland für den Straßenhandel bzw. Großhandel ermittelt: [15]

	1 g Einzelhandel	**1 kg Großhandel**
Cannabisharz	9,20 Euro	2325,– Euro bis 3383,– Euro
Cannabiskraut	9,90 Euro	4386,– Euro bis 5762,– Euro

Die Blütenstände wiesen 2019 einen Wirkstoffgehalt an THC von 13,7 %, das Cannabiskraut von 2,7 % (Medianwert), Cannabisharz von 22,6 % (starke Steigerung zu den Vorjahren) auf. Der Bestimmung des Wirkstoffgehalts lagen die Untersuchungen von 2989 Datensätzen Cannabiskraut, 11 059 Datensätzen mit Blütenständen und 3426 Datensätzen Haschischharz durch das BKA zugrunde.[16] 2020 wurden 31 961 Handelsdelikte mit Cannabis registriert.[17]

14 BAST, Drogenerkennung im Straßenverkehr, S. 44.

15 Bericht 2020 des nationalen REITOX-Knotenpunktes an die EBDD, Drogenmärkte und Kriminalität, S. 9.

16 Ebenda, S. 11 bis 12.

17 BKA, Rauschgift Bundeslagebild 2020, S. 14.

2. Amphetamine, Amphetaminderivate, Ecstasy

a) Amphetamin, Metamphetamin (Ebenfalls genannt: Speed, As, Sulfat, Sulf, Whizz, Amp, Pep, Amph, Gülle, Crank, Crystal)

Die Bezeichnung Amphetamin leitet sich aus dem Begriff Alphamethylphenetylamin her. Amphetamine gibt es u. a. als weißes, kristallartiges Pulver, in Dragees und gelöst in Flüssigkeiten. Amphetamin ist eine synthetische Droge und wird wie die Ecstasyarten als Partydroge verherrlicht, es untersteht in der Grundform Anlage III zu § 1 Abs. 1 BtMG, Ableitungen sind ggf. in anderen Anlagen zu finden. Das Schnupfen des Pulvers geschieht wie beim Cocain, indem auf glatten Oberflächen „Lines" gezogen und durch Röhrchen (beispielsweise abgekürzte Getränkehalme oder gerollte Geldscheine) geschnupft werden. Speed kann ferner geschluckt oder gespritzt werden. Oral eingenommen ergeben sich bei Dosen von 5 mg bis 15 mg bereits Wirkungen.[18] Eine Konsumdosis von Metamphetamin liegt bei ca. 10 mg.[19]

Drei Grundtypen werden unterschieden: Das Levoamphetamin (Handelsname „Benzedrin") als schwächster, das doppelt so starke Dextroamphetamin (Handelsname „Dexedrin") und das nochmals doppelt so starke Metamphetamin (Handelsname „Methadin").[20] Erstmals wurde die Droge durch den rumänischen Chemiker Lazăr Edeleanu 1887 in Deutschland synthetisiert. 1932 brachte die Pharmafirma Smith, Cline and French das Medikament „Benzedrin" als blutverdünnendes Naseninhalationsmittel gegen Asthma, Heuschnupfen und Erkältungen heraus. Heute sind beispielsweise die Amphetamine Dexamphetamin (geschützter Handelsname „Attentin") und Lisdexamphetamin (geschützter

18 Madea, Praxis Rechtsmedizin, S. 462.

19 Geschwinde, Rauschdrogen, S. 585.

20 Rudgley, S. 30.

Handelsname „Elvanse") als ADHS-Therapeutika, empfohlen für Erwachsene, verschreibungsfähig.[21]

Im BtM-Handel angebotene Amphetaminprodukte sind in ihren Wirkungen nicht immer konkret abschätzbar, da die Zusammensetzungen variieren. Grundsätzlich sind sie in ihrer Wirkungsweise aufputschend, wach machend und euphorisierend. Adolf Hitler konsumierte in starkem Maße Metamphetamin in Pillenform und intravenös.[22] Amphetamine machen psychisch abhängig, nicht körperlich, und können daher Depressionen bei Abstinenz auslösen.

2019 wurde die pulvrige Form im illegalen Handel präferiert, selten Tabletten.[23] In der Auswertung von 3999 Datensätzen wurde bei mehr als 70 % der Proben ein Wirkstoffgehalt von unter 20 % ermittelt, wobei in 3528 Datensätzen als Streckmittel zu 98 % Coffein und als Verschnittstoff zu 8 % Lactose dominierten.[24] Ein Gramm Speed kostete durchschnittlich 9,50 Euro im deutschen Straßenhandel, ein Kilogramm im Großhandel zwischen 2575,– und 3196,– Euro.[25]

Das Metamphetamin (Anlage II zu § 1 Abs. 1 BtMG), auch „Crank" oder „Meth" genannt sowie als Metamphetamin-Hydrochlorid unter den Namen „Shabu", „Ice", „Shaba" und „Crystal" bekannt, sei hier ebenfalls erwähnt. Seine Wirkung ist sehr stark aufputschend. Der Konsument verspürt nach Einnahme unter anderem gesteigerte Wachheit, Leistungssteigerungen, Schmerzunempfindlichkeit, Unterdrückung von Hunger und Durst, Erregungszustände, Schlafstörungen, Aggressionsbereitschaft, Halluzinationen und Störungen des Kurzzeitgedächtnisses.[26] Eingenommen wird

21 DAZ 2018, S. 25.

22 Rudgley, S. 30.

23 Bericht 2020 des nationalen REITOX-Knotenpunktes an die EBDD, Drogenmärkte und Kriminalität, S. 10.

24 Ebenda.

25 Ebenda, S. 21 bis 22.

26 Knecht, Kriminalistik 2002, S. 403.

es als Tablette oder es wird geraucht. Ein Gramm Crystal kostete 2019 in Deutschland auf der Straße durchschnittlich 77,80 Euro; der Kilogrammpreis in Großmengen lag bei durchschnittlich 34333,– Euro (geringe Datengrundlage).[27] Die im gleichen Jahr europaweit untersuchten Konsumeinheiten (796 Datensätze) hatten durchschnittlich einen Wirkstoffgehalt von 74,4 %.[28] Als Zusätze wurden in Untersuchungen Piracetam (4 %) und Coffein (3 %), als Verschnittstoffe Dimethylsulfon (92 %), 2-Phenethylamin(6 %), Glutamat/ L-Glutamat (3 %), Saccharose (2 %) oder Magnesiumsulfat (1 %) vorherrschend detektiert.[29]

In den USA sorgt Metamphetamin in ganzen Städten und Kreisen wegen sehr starker Verbreitung für erhebliche polizeiliche Probleme, da es mit chemischem Grundwissen recht einfach herzustellen ist, insbesondere da die wichtigen Grundsubstanzen Ephedrin und Pseudoephedrin in handelsüblichen Hustenmitteln vorkommen.

2020 wurden in Deutschland 1737 Handelsdelikte festgestellt und mindestens 290,5 kg Metamphetamin sichergestellt[30], bei Amphetamin waren es 5581 Handelsdelikte,[31] nur in Rauschgiftlaboren wurden im Jahr 2019 34,9 kg Amphetamin und 230 l Amphetaminöl sichergestellt.[32]

Überwiegend stammten 2020 die Amphetaminsicherstellungen aus den Niederlanden.[33] Metamphetamin stammte aus der Tschechischen Republik, Mexiko, den Niederlanden, Asien und Afrika.[34]

---

27 Bericht 2020 des nationalen REITOX-Knotenpunktes an die EBDD, Drogenmärkte und Kriminalität, S. 21 bis 22.

28 Ebenda, S. 10.

29 Ebenda.

30 BKA, Rauschgift Bundeslagebild 2020, S. 18.

31 Ebenda, S. 17.

32 BKA, Rauschgift Bundeslagebild 2019, S. 11.

33 BKA, Rauschgift Bundeslagebild 2020, S. 17.

34 Ebenda, S. 19.

b) Ecstasy (Ebenfalls genannt: XTC, Smarties, E, Adam, Emphaty, Love-Drug)

Allgemeines

Es gibt verschiedene Arten von Ecstasy, welche sich aus verschiedenen Amphetaminderivaten zusammensetzen. Die Herstellung geschieht in Untergrundlabors. Bevorzugte Verkaufsform ist die Ecstasypille, welche in der Regel eingeprägte Symbole (Smileys, Herzchen etc.) aufweist. Die Einprägungen lassen selbstverständlich keinen Rückschluss auf Hersteller oder Qualität zu. Man sieht dem Produkt ebenfalls nicht an, ob es ein Monopräparat oder ein Mischpräparat ist, oder welche der verschiedenen unter Ecstasy laufenden Wirkstoffe überhaupt enthalten sind. Ecstasy wirkt etwa 30 bis 45 Minuten nach Einnahme mit einer Dauer von ca. 3 bis 8 Stunden je nach Inhaltsstoff und Stoffgehalt. Es wirkt antriebssteigernd, stimulierend und kontaktsteigernd. Je nach Wirkstoff kann Ecstasy auch Halluzinationen auslösen, Gefühle intensivieren oder Aggressionen steigern.

Typische Ecstasyprodukte:

- MDMA (Methylendioxymetamphetamin) (Szenename „Adam“)

  MDMA wurde nach seiner Entwicklung als Arzneimittel 1912 wegen der hohen Gefährlichkeit nicht vermarktet.[35] Der Konsument bildet keine Toleranz aus, wodurch die Dosis nicht gesteigert werden muss. MDMA ist eine verhältnismäßig milde Droge, die in geringeren Dosierungen (15 mg) u. a. zu einer freundlichen Grundstimmung, sexueller Enthemmung, Angstreduzierung, Ruhe und Ausgeglichenheit sowie Schmerzlindorung führt. Größere Dosierungen, in der Drogenszene sind das ca. 100 mg bis 160 mg, führen zur gegenteiligen Wirkung wie z. B. Depressionen, Ruhelosigkeit, Halluzinationen, nachlassendem Appetit und Sexualtrieb. Auffälligkeiten wie erhöhte

35 Körner, Stoffe Teil 1, Rn. 324.

Herzfrequenz, Muskelkrämpfe, Brechreiz und Schwitzen sind dann zu beobachten.[36] MDMA gehört zu den Stoffen der Anlage I zu § 1 Abs. 1 BtMG.

- MDA (Methylendioxyamphetamin, Tenamphetamin)

  Als Appetitzügler im Jahre 1910 entwickelt, wurde MDA wegen gefährlicher Nebenwirkungen nicht offiziell gehandelt.[37] Die Wirkung ist ähnlich der von MDMA, wobei eine Dosis zwischen 50 mg und 150 mg (Wirkstoff) liegt.[38] Es ist in Anlage I zu § 1 Abs. 1 BtMG aufgeführt.

- MDE/MDEA (Methylendioxyethylamphetamin) (Szenename „Eve" oder „Eva")

  Nach Entwicklung 1980 und Tests als Psychopharmakon[39] wurde der Stoff 1991 der Anlage I zu § 1 Abs. 1 BtMG unterstellt.[40]

  Die Wirkung, die Dosis liegt zwischen 100 mg und 140 mg, wird beschrieben als antriebssteigernd und stimulierend sowie angst- und sorgenmindernd, die Grundstimmung hebend, die Wahrnehmungsfähigkeit erhöhend und kosmisch-mystisches Erleben fördernd.[41]

- DOB (Dimethoxybromamphetamin)

  Die Synthetisierung von DOB fand 1971 erstmals statt.[42] Es wurde teilweise als LSD guter Qualität verkauft, da es ebenfalls stark halluzinogen wirkt.[43] Nach der Einwirkzeit sind euphorische Tänze, Wahnvorstellungen und Tobsuchtsanfälle mit entsprechenden Folgen wie tätlichen Angriffen möglich.[44] Die

---

36 Gesamter Passus ebenda, Rn. 317 bis 318.

37 Ebenda, Rn. 326.

38 Ebenda, Rn. 319.

39 Ebenda, Rn. 327.

40 Ebenda, Rn. 313.

41 Ebenda, Rn. 320.

42 Ebenda, Rn. 360.

43 Ebenda, Rn. 361.

44 Ebenda.

Dosierung liegt bei 0,5 mg bis 2 mg.[45] DOB unterliegt Anlage I zu § 1 Abs. 1 BtMG.

Die ca. eine Million in Deutschland untersuchten MDMA-Tabletten im Jahr 2019 hatten einen Durchschnittswirkstoffgehalt von 146 mg pro Tablette, in 131 Datensätzen betrug der Wert über 200 mg.[46] Die Tablettenbasis ist in der Regel Cellulose, als Zusatzstoff wird u. a. Koffein verwendet.[47] In der kristallinen Form zeigten die 633 untersuchten Datensätze zu fast 90 % einen Anteil von über 90 % MDMA-Base und waren zumeist unverschnitten.[48] In Deutschland gehandeltes Ecstasy kommt überwiegend aus den Niederlanden.[49] Bereits in der Vergangenheit waren die Ecstasysicherstellungen zu über 99 % MDMA-Monopräparate.[50] Der Trend setzt sich offenbar fort.[51]

Der Durchschnittspreis im Jahre 2019 betrug für Kleinstmengen pro Tablette 8,– Euro, für Großmengen zwischen 2000,– Euro und 2893,– Euro pro tausend Konsumeinheiten.[52]

3. Piperazinderivate

Im Jahre 2010 war der häufigste Wirkstoff der in Deutschland untersuchten vermeintlichen Ecstasy-Konsumeinheiten zu 61,1 % das 1-(3-Chlorophenyl)-piperazin (m-CPP) mit einem durch-

---

45 Ebenda.

46 Bericht 2020 des nationalen REITOX-Knotenpunktes an die EBDD, Drogenmärkte und Kriminalität, S. 12.

47 Ebenda.

48 Ebenda.

49 Ebenda, S. 7.

50 Bericht 2016 des nationalen REITOX-Knotenpunktes an die EBDD, Drogenmärkte und Kriminalität, S. 14.

51 Bericht 2020 des nationalen REITOX-Knotenpunktes an die EBDD, Drogenmärkte und Kriminalität, S. 12.

52 Ebenda, S. 9.

schnittlichen Wirkstoffgehalt von 30 mg.[53] Dieser Umstand hat sich zwar nicht bis heute fortgesetzt, derzeit scheinen die Piperazinverbindungen keine große Rolle auf dem nationalen Drogenmarkt, auch nicht als Zusatz in Ecstasy, zu spielen. Dennoch erscheint eine Betrachtung von Piperazinableitungen sinnvoll.

Von den vielen Derivaten werden hier lediglich m-CPP und BZP näher beschrieben, da es sich hierbei um die bei früheren Sicherstellungen auffällig gewordenen Stoffe handelt. Hierbei handelt es sich um synthetische Drogen, deren Ausgangssubstanz Piperazin nicht psychotrop ist.[54]

Generell muss der Preis der Piperazinderivate dem von Ecstasy aufgrund der oben genannten Nachweise in vermeintlichem Ecstasy ähnlich sein.[55]

- 1-(3-Chlorophenyl)-piperazin (m-CPP, mCPP, Chlorphenylpiperazin)

  m-CPP – das „m“ bedeutet Meta – ist in der Vergangenheit im internationalen Handel als weißes Pulver oder auch in gelöster Form als eine durchsichtige oder leicht gelbliche Flüssigkeit mit Reinheitsgehalt von 95 % bis 98 % aufgetreten.[56] Es wurde in die Anlage II zu § 1 Abs. 1 BtMG aufgenommen. Seine psychotrope Wirkung ist der von MDMA sehr ähnlich.[57] Sicherstellungen in Europa waren häufig die Pulver- und Tablettenform, was die Feststellung untermauert, dass m-CPP als Ecstasy in der Partyszene angeboten werden kann.[58] m-CPP kann leicht synthetisiert werden. Viele Konsumenten beschrieben

---

53 Bericht 2011 des nationalen REITOX-Knotenpunktes an die EBDD, S. 215.

54 EMCDDA, Report on the risk assessment of BZP, S. 23.

55 EMCDDA, *www.emcdda.europa.eu/publications/drug-profiles/bzp#price*; Stand Juli 2021.

56 EUROPOL/EMCDDA, Joint report on a new psychoactive substance: mCPP, S. 5.

57 2010 National Report (2009 data) to the EMCDDA by the REITOX National Focal Point France, S. 9.

58 EUROPOL/EMCDDA, Joint report on a new psychoactive substance: mCPP, S. 5 bis 6.

m-CPP durch Nebenwirkungen bedingt als unattraktiv. So wurde von Angstzuständen, Panikattacken, Übelkeit, Kopfschmerzen und lang andauernder Katerstimmung berichtet.[59] Andererseits ist m-CPP Ausgangsprodukt für einzelne in Europa erhältliche Antidepressiva.[60] 36,1 mg bis 37 mg Wirkstoffgehalt wurden 2015 jeweils in sichergestellten Konsumeinheiten von vermeintlichem Ecstasy festgestellt.[61]

- 1-Benzylpiperazin (BZP)

  BZP (Anlage II zu § 1 Abs. 1 BtMG) ist wie Amphetamin und Metamphetamin ein Stimulans mit sehr ähnlicher Wirkung wie Amphetamin bei ca. 10 % von dessen Wirkungsgrad. BZP trat gewöhnlich in Kapsel-, Tabletten- oder Pulverform, selten in Flüssigkeiten gelöst auf.[62] In Europa kostete die Konsumeinheit 2008 ca. 4,– Euro.[63]

  Eine medizinische Bedeutung hat es nicht.[64] In den vierziger Jahren erstmalig synthetisiert[65], wurde es als mögliches Antidepressivum erforscht, was ab den Siebzigerjahren wegen seiner Wirkungsweise verworfen wurde.[66] Die Herstellung erfordert Grundkenntnisse in Chemie, ist aber einfacher als die von Amphetamin.[67] Für BZP ist eine Kreuzreaktion bei handelsüblichen Immunoassaytests für Metamphetamin möglich.[68]

59 Ebenda, S. 9.

60 Ebenda, S. 12.

61 Bericht 2016 des nationalen REITOX-Knotenpunktes an die EBDD, Drogenmärkte und Kriminalität, S. 14.

62 EMCDDA, Report on the risk assessment of BZP, S. 23 bis 24.

63 Ebenda, S. 61.

64 Ebenda, S. 18.

65 Ebenda, S. 38.

66 Ebenda, S. 23.

67 Ebenda, S. 24.

68 Ebenda, S. 23.

Die in der Szene angebotenen Produkte kamen ebenfalls in Mischformen, z. B. mit 1-(3-Trifluoromethylphenyl)-piperazin (TFMPP) und Amphetaminderivaten, vor.[69]

4. Gamma-Hydroxy-Buttersäure (GHB), Gammabutyrolacton (GBL)

Grundstoff für GHB ist das GBL. Die Preise für beide Substanzen richten sich nach dem Marktpreis für das frei verkäufliche GBL, der tagesaktuell u. a. im Internet nachgelesen werden kann.

Im Jahre 2019 wurden 24 600 Liter GBL sichergestellt, die mutmaßlich für illegale Zwecke bestimmt waren.[70] Die Chemieindustrie meldete hierzu im Rahmen der freiwilligen Überwachung keine Beschaffungsversuche, allerdings gibt es, auch für das Jahr 2020, Hinweise auf Firmen, die nach Bezug von GBL aus Asien dieses über Internetshops vorgeblich als Reinigungsmittel, tatsächlich für gesetzeswidrige Vorhaben, nach Europa vertreiben.[71]

Es wurden 2019 zwei Rauschgiftlabore für die GHB-Herstellung beschlagnahmt.[72]

a) Gamma-Hydroxy-Buttersäure (Ebenfalls genannt: Liquid Ecstasy, Salty Water, G-Riffick, Soap, Pearl, Liquid X, Gamma-Hydroxy-Butyrat)

GHB ist der Anlage III zu § 1 Abs. 1 BtMG unterstellt.

Es wurde 1960 erstmals synthetisiert. GHB gehört nicht zu den Ecstasyarten, obwohl Szenenamen dies vermuten lassen. Als Narkosemittel mit dem Inhaltsstoff GHB ist das Medikament „Somsa-

69 Ebenda, S. 25.

70 BKA, Rauschgift Bundeslagebild 2019, S. 12.

71 Ebenda, S. 15; siehe auch Bundeslagebild 2020, S. 10.

72 BKA, Rauschgift Bundeslagebild 2019, S. 9.

nit" bekannt.[73] Die Verwendung von GHB als K.O.-Tropfen (Vergewaltigungsdroge) ist mittlerweile berüchtigt.[74] Heute findet GHB medizinische Verwendung in der Behandlung von Narkolepsie. Es findet sich in geringer Konzentration im menschlichen Gehirn.[75]

Im Handel tritt GHB in Pulverform (Salz) oder als farblose Flüssigkeit auf, wobei diese der Attraktivität wegen eingefärbt sein kann. Der Geschmack ist salzig und leicht seifig. GHB ist geruchlos. Seit den Achtzigerjahren entwickelte sich der missbräuchliche Konsum in der Bodybuilding- sowie der Partyszene.[76]

Die Droge wird in der Regel geschluckt. Eine intravenöse Aufnahme ist ebenfalls möglich. Die Wirkung tritt bereits nach 15 Minuten ein und dauert ein bis drei Stunden an. Im Blut wird es zu Kohlendioxid und Wasser abgebaut. Die Wirkung ist euphorisierend und einem Alkoholrausch ähnlich, es schließen sich Müdigkeit und Entspannung an. Bei Überdosierung sind Übelkeit, Erbrechen, Atemnot, Schläfrigkeit und Bewusstlosigkeit bis hin zu tiefem Koma möglich.[77] Eine Dosis von 0,5 g führt zu Entspannung und Enthemmung, 1 g zu Euphorie und 2 g bis 3 g zu tiefem Schlaf. Dennoch sollen in der Partyszene Dosierungen von 3 g in 3-ml-Ampullen üblich sein.[78]

b) Gammabutyrolacton (Ebenfalls genannt: Renewtrient, Blue Nitro, Gamma G)

GBL ist eine nahezu geruchlose, farblose Flüssigkeit, die mit Wasser mischbar ist. Seine Wirkung wurde etwa 13 Jahre vor der von GHB entdeckt. Es handelt sich um eine Vorläufersubstanz von

73 Körner, Stoffe Teil 1, Rn. 507.

74 Ebenda, Rn. 512.

75 Factsheet zu GHB, GBL, BD, S. 2 bis 3.

76 Ebenda.

77 Ebenda.

78 EMCDDA, Report on the risk assessment of GHB, S. 14.

GHB, die sich im Körper wiederum zu GHB metabolisiert. Die Wirkung ist entsprechend der von GHB gleich.[79]

GBL ist in der Industrie von hoher Bedeutung. Es findet u. a. Verwendung in Lösungsmitteln und ist Inhaltsstoff in acetonfreiem Nagellack.[80] Der illegale Verkehr hiermit unterlag zumindest bisher der Strafbarkeit des Arzneimittelgesetzes.[81] (Siehe auch Rechtsprechung zu NpSG)

5. Heroin (Diamorphin, Diacetylmorphin) (Ebenfalls genannt: Junk, Scag, Smack, Horse, H, Braunes, Shore)

Heroin wird in mehreren Schritten aus Rohopium, dem zähflüssigen Saft des Schlafmohns, der nach Anritzen aus der Kapsel austritt, schnell gerinnt und braun einfärbt, gewonnen. Der Ertrag liegt etwa bei 0,05 g Rohopium pro Mohnkapsel.[82] Es kann ca. 10 % bis 18 % Morphinbase[83] („Morphium“ ist der Handelsname von Morphin) enthalten; Morphin ist in Anlage III zu § 1 Abs. 1 BtMG aufgeführt, Heroin gehört der Anlage I bzw. zu den dort genannten Zwecken den Anlagen II und III an. Heroin wurde 1898 in den „Elberfelder Farbenfabriken“, die auch den Namen prägten, aus Morphium als Medikament gegen die Morphiumsucht und als Hustenmittel entwickelt. Erst Jahre später, so 1924 in den USA, wurde Heroin wegen seines hohen Suchtpotenzials verboten.[84] Zur Herstellung von Heroin sind Morphinbase, Essigsäureanhydrid, Natriumcarbonat und Wasser erforderlich.[85] Morphinbase und Essigsäureanhydrid, ca. 1000 Liter Essigsäureanhydrid sind für eine

---

79 Factsheet zu GHB, GBL, BD, S. 2 bis 3.

80 Ebenda.

81 BGH, Urteil vom 8.12.2009 – 1 StR 277/09.

82 Schmidbauer/vom Scheidt, S. 281.

83 Geschwinde, Rauschdrogen, S. 298.

84 Rudgley, S. 143.

85 Körner, Stoffe Teil 1, Rn. 209.

Tonne Heroin erforderlich, müssen zwei Stunden lang aufgekocht werden. Nach Erkalten wird der entstandene Sud unter Zugabe von Wasser gerührt, bis ein gleichmäßiges Gemisch aus Sud und Wasser entstanden ist. Nach anschließendem Filtern wird dem Filtrat Natriumcarbonat zugegeben, wodurch Wasser und Heroin getrennt werden. Eine wie Dickmilch aussehende Flüssigkeit entsteht, in der sich das Heroin am Boden absetzt. Diese Ablagerung wird noch einmal gesiebt, was zum Trennen des Heroins vom Karbonat führt. Das Heroin wird nun getrocknet.[86] Man unterscheidet zwischen Heroin Nr. 1 (Morphinhydrochlorid), Nr. 2 (Heroinbase; reines Diacetylmorphin vor Umwandlung in eine Salzverbindung; graue oder braune, wasserunlösliche, feste Substanz), Nr. 3 (Heroinhydrochlorid mit Heroinbasegehalt von regelmäßig 40 % bis 50 % und Beimengungen anderer Stoffe), Nr. 4 (intensiv gereinigtes, weißes bis cremefarbenes, feines Pulver mit Anteil der Base in Höhe von 60 % bis 90 %). Heroin Nr. 3, früher häufig aus dem Bereich des „Goldenen Dreiecks“ (Birma, Laos, Thailand) stammend, wird unter anderem unter der Bezeichnung „Hongkong-Rocks“ und „Brown Rocks“ geführt.[87] Über 70 % des weltweit erzeugten Opiums kamen in den neunziger Jahren aus Afghanistan.[88] Im Jahre 2000 wurden in Afghanistan 3200 Tonnen Opium produziert; 80 % des in Europa auf dem Markt befindlichen Heroins stammten zumindest bis 2001 aus Afghanistan.[89] Die Spitzenposition in der Welt wurde weiterhin behauptet, indem Afghanistan 2019 immer noch zwischen 149 000 und 178 000 Hektar Anbauflächen für Opium weltweit zugerechnet wurden (bei Gesamtanbauflächen zwischen 212 741 und 272 348 Hektar)[90], die potenzielle Ertragsschätzung lag zwischen 5400 und 7200 Tonnen.[91]

---

86 Ebenda.

87 Gesamter Passus Weber, § 1, Rn. 368 bis 372.

88 http://www.spiegel.de/wirtschaft/drogenwirtschaft-afghanistans-opium-felder- *bluehen-wieder-a-188764.html*; abgerufen 13.7.2021.

89 Focus 12/2001, S. 359.

90 UNODC, World Drug Report 2020, S. 40 bis 41.

91 UNODC, Afghanistan Opium Survey 2020, S. 4.

Auf dem Endverbrauchermarkt ist Heroin zumeist als beiges bis braunes, feines Pulver erhältlich. Verpackt wird es am häufigsten portionsgerecht in „Bubbles“. Es kann sich um sehr hart in Folie gedrehte oder lockerer als kleine Säckchen gestaltete „Bubbles“ handeln; das Verpacken in kleinen „Briefchen“ ist nicht mehr stark verbreitet.

Konsumiert wird Heroin in Form von Spritzen, Rauchen oder Schnupfen. Das Spritzen geschieht intravenös, wobei die intensivste Wirkung zu erfahren ist, oder subkutan. Geraucht wird mittels Erhitzens von in Flüssigkeit gelöstem Heroin auf einer Folie, wobei der Konsument die Dämpfe (durch ein Röhrchen) inhaliert („Blowen“). Zum Spritzen wird Heroin zuerst in Flüssigkeit gelöst, indem es mit Wasser und Ascorbinsäure (Vitamin C in Pulverform, alternativ Zitronensaft oder Zitronensaftkonzentrat) gemischt und erhitzt wird. In der Regel wird in einem Teelöffel gemischt und durch Unterhalten eines Feuerzeuges aufgekocht. Der Löffel ist so gebogen, dass er ohne Gefahr des Auslaufens auf Flächen abgestellt werden kann. Nicht selten wird auch im konkaven Boden von halbierten Getränkedosen der Vorgang durchgeführt. Das Gemisch bzw. die Lösung kann anschließend durch einen (Zigaretten-) Filter in die Spritze eingezogen werden.

Heroinkonsum macht psychisch und körperlich stark abhängig. Früher oder später spritzt jeder Konsument intravenös, da das die intensivste und die kostengünstigste Konsumart ist. Der Heroinaufnahme folgt ein rascher „Kick“ oder „Flash“, welcher Glücksgefühle auslöst. Lässt die Wirkung nach, beginnt allmählich der Entzug, der sich in Form von Kopfschmerzen, Magenschmerzen, Gliederschmerzen, Fieber, Muskelkrämpfen und Schleimhautstörungen bemerkbar machen kann.[92]

Ein Langzeitkonsument erreicht keine Hochgefühle mehr, sondern bekämpft nur noch die Entzugserscheinungen.

---

92 Joachimski/Haumer, § 1 BtMG, Rn. 12.

Je nach Dosis und Toleranz dauert die Wirkung des Heroins ca. ein bis zwei Stunden an.

Einem Anfänger reicht zur Aufnahme von Heroindämpfen durch ein Röhrchen eine Dosis von 20 mg, der fortgeschrittene Süchtige benötigt täglich bis zu 2 g für bis zu 30 Injektionen.[93] Der Geldbedarf eines Schwerstabhängigen lässt sich daran gemessen unschwer errechnen.

In 2020 wurden in Deutschland 2214 Handelsdelikte erfasst, wobei von einer Gesamtsicherstellungsmenge von mindestens 570 kg ausgegangen wird.[94] Der Wirkstoffgehalt im Straßenhandel betrug 2019 durchschnittlich 25,8 % (Median), der im Großhandel 54,8 %.[95] Als Zusätze waren hauptsächlich und jeweils zu ca. 99 % Coffein und Paracetamol vorherrschend.[96] Der Preis im Kleinhandel lag bei durchschnittlich 51,30 Euro pro Gramm, der im Großhandel bei bis zu 30 000,– Euro pro Kilogramm.[97]

Seit 2009 ist eine heroingestützte Substitution mit Diamorphin (Injektionslösung „Diaphin“)[98] und seit 2015 mit Morphin möglich.[99] Im Jahre 2020 wurden in 7 Bundesländern in 13 Einrichtungen Substitutionen mit Diamorphin durchgeführt.[100] Der Anteil von Diamorphin an den Substitutionsmitteln betrug bei den 81 300 Patienten 1,2 %.[101]

93 Ebenda, Rn. 11.

94 BKA, Rauschgift Bundeslagebild 2020, S. 14 bis 15.

95 Bericht 2020 des nationalen REITOX-Knotenpunktes an die EBDD, Drogenmärkte und Kriminalität, S. 11.

96 Ebenda.

97 Ebenda, S. 9.

98 Drogen- und Suchtbericht 2011, S. 64.

99 Drogen- und Suchtbericht 2016, S. 173.

100 BfArM, Bericht zum Substitutionsregister, S. 4 bis 5.

101 Ebenda, S. 2 und 5.

6. LSD (Lysergid)
(Ebenfalls genannt: Pappe, Pappen, Papers, Trips, Säure, Blotter)

LSD wurde zufällig 1938 durch Dr. Albert Hofmann im Forschungszentrum der Fa. Sandoz in Basel entdeckt. Es handelt sich um eine chemische Verbindung, die aus dem parasitären Getreidepilz Mutterkorn (Claviceps purpurea) gewonnen wurde.[102] Hofmann fügte eine Diethylamidgruppe der Lysergsäure aus dem Mutterkorn hinzu, woraus das Lysergsäure-Diethylamid (LSD-25) entstand. Erst 1943 entdeckte Hofmann im Selbstversuch, als er eine sehr geringe Menge des Stoffes aufnahm, zufällig dessen stark halluzinogene Wirkung.[103] Später vertrieb Sandoz LSD-25 unter dem Namen „Delysid"[104] als Mittel für den Psychiatriegebrauch. In den sechziger Jahren führten die U.S.-Army und die CIA teilweise heimlich und ohne Wissen der Betroffenen Experimente mit LSD und über 800 anderen Drogen (unter anderem MDA) an Zivilisten und Soldaten durch, um die militärische Tauglichkeit dieser Stoffe zu testen, was erst durch die Klage eines geschädigten Soldaten, der sich seitdem als „sozialer und emotionaler Krüppel" fühlte, 1979 öffentlich wurde.[105] Im Rahmen dieser Operation (Tarnname u. a. „MKULTRA") sollte die Fa. Sandoz als Patentinhaberin für „Delysid" große Mengen des Stoffes für das U.S.-Militär zur Einlagerung liefern. Weil diese sich weigerte, wurde die Firma Eli Lilly unter Bruch des Patentrechts hierfür herangezogen. Etwa 10 Jahre später wurde die Droge in den USA verboten.[106] Aufsehen erregte im Rahmen der Verwendung von LSD innerhalb psychologischer Behandlungsmethoden 1960 die Begeisterung des Schauspielers Cary Grant über seine Therapie-

102 Rudgley, S. 213.

103 Schmidbauer/vom Scheidt, S. 208.

104 Ebenda, S. 215.

105 Ebenda, S. 223; Rudgley, S. 214 ff.

106 Rudgley, S. 215.

erfolge. Er fühlte sich nach über 60 therapeutischen Sitzungen unter LSD-Anwendung als neuer Mensch und verbreitete dies auch frei.[107] In Deutschland ist die Droge Teil der Anlage I zu § 1 Abs. 1 BtMG.

Die Herstellung von LSD für den Betäubungsmittelmarkt findet in Untergrundlabors statt.

LSD ist eine farb- und geruchlose Flüssigkeit, die auf Träger aufgebracht wird, wozu sich Papier, Stärkepillen und Ähnliches anbieten.

Diese dann fertigen „Trips“ werden geschluckt (Szenejargon „eingeworfen“). Der Rausch verläuft stark halluzinogen, wobei der Konsument beispielsweise meint, Farben schmecken zu können und völlig neue Wahrnehmungen zu verspüren. Halluzinogene Horrortrips, in denen bedrohliche Schlangen etc. gesehen werden, sind genauso möglich. Das ist vermutlich der Grund für die eher begrenzte Beliebtheit der Droge.

Der Missbrauch von LSD kann zur psychischen Abhängigkeit und zu psychischen Beschwerden wie Depressionen führen. Die schnelle Entwicklung einer hohen Toleranz ist wahrscheinlich. „Flashbacks“, Rauschzustände ohne vorherigen Konsum, sollen möglich sein. (Das Flashbackphänomen wird hauptsächlich dadurch erklärt, dass sich der Suchtstoff im Fettgewebe, so soll es speziell bei Cannabis und LSD der Fall sein, einlagert und beim Abbau des Fettes später wieder freigesetzt wird; eine andere Meinung geht davon aus, dass durch Drogenmissbrauch „Fehlschaltungen“ im Gehirn gebahnt werden, die gelegentlich ohne Konsum ein Erlebnis hervorrufen können, wie es beim Gebrauch der Droge geschieht.[108] Das Flashbackphänomen ist wissenschaftlich nicht belegt.)

107 Thamm, S. 97.

108 BAST, Drogenerkennung im Straßenverkehr, S. 44.

2019 wurden europaweit in 2400 Fällen 115 000 Trips sichergestellt; die verfügbaren Informationen sind jedoch nicht zahlreich.[109] Der Straßenpreis lag 2019 für einen Trip bei durchschnittlich 10,– Euro, im Großhandel bei bis zu 10 000 Konsumeinheiten zwischen 1450,– bis 1850,– Euro pro tausend Trips.[110]

7. Cocain (Ebenfalls genannt: Schnee, Koks, Coke, White Lady, Heaven Dust)

Cocain (Anlage III zu § 1 Abs. 1 BtMG) wird aus den Blättern des in Südamerika und Indonesien wachsenden Cocastrauchs (Erythroxylon Coca) gewonnen. Der Anbau ist am ergiebigsten bei einer Temperatur zwischen 15 bis 20 Grad Celsius in feuchtwarmen Gebirgslagen von 600 Metern bis 1800 Metern über dem Meeresspiegel. Der Cocastrauch besitzt zarte, spatelförmige Blätter und leicht gelbliche Blüten, aus denen scharlachrote Steinfrüchte entstehen. Er wächst mehrere Meter hoch. Die Cocablätter werden viermal jährlich geerntet.[111] Das Kauen von Cocablättern zur Vertreibung von Müdigkeit und Hungergefühl ist bei südamerikanischen Ureinwohnern schon seit Jahrhunderten bekannt. 1860 gewann Albert Niemann von der Universität Göttingen das Alkaloid. Er nannte es Cocain. Carl Koller entdeckte und förderte den Gebrauch als Lokalanästhetikum. Sigmund Freud konsumierte Cocain, war jedoch nicht abhängig. Viele Produkte wie Salben, Nasensprays und Zigaretten kamen nach der Entdeckung des Cocains auf den Markt.[112] Bis in die Zwanzigerjahre des 19. Jahrhunderts entwickelte sich in den U.S.A. die Beliebtheit der Droge, die dann allmählich verboten wurde. Es entstand ein Schwarzmarkt, durch den sich die kolumbianischen Drogenkartelle etablierten. In den

109 Europäischer Drogenbericht 2021, S. 29.

110 BKA, Rauschgift Bundeslagebild 2019, S. 9.

111 Gesamter Passus Schmidbauer/vom Scheidt, S. 186 bis 187.

112 Rudgley, S. 184.

Dreißigerjahren wurde Cocain in der Beliebtheit durch Amphetaminprodukte abgelöst.[113] Erst in den Siebziger- und Achtzigerjahren schwang sich Cocain wieder zu einer weit verbreiteten Droge auf.[114] Hierdurch verdienten kriminelle Organisationen wie das Medellín-Kartell von Pablo Escobar, zeitweise einer der reichsten Männer der Welt, und das konkurrierende Cali-Kartell Milliarden von Dollar. Escobar wurde nach einer jahrelangen Verfolgungsjagd, an der auch FBI und CIA beteiligt waren, am 2. Dezember 1993 aufgespürt und erschossen. Am Cocainhandel änderte sich seitdem nichts. Kartelle gibt es weiterhin in Südamerika. Die Endverbraucherpreise lassen seit Jahren nicht darauf schließen, dass die Verfügbarkeit von Cocain geringer geworden wäre.

Nach der Ernte werden Cocablätter gestampft und chemisch behandelt. Aus der zunächst entstehenden Cocapaste wird durch Zugabe von Salzsäure Cocainhydrochlorid, das dann mit Trauben- oder Milchzucker gestreckt wird.[115]

Cocain wird geraucht, als wässrige Lösung gespritzt, seltener in das Zahnfleisch eingerieben oder sehr oft geschnupft. Wegen seiner leichten Wasserlöslichkeit wird es gut über die Schleimhäute aufgenommen. Gewohnheitsmäßige Konsumenten, die nicht spritzen, bringen Cocain zumeist auf einen Taschenspiegel auf und ziehen sich mit einer Klinge oder Karte eine „Line", die schließlich mit einem Röhrchen, bevorzugt werden verkürzte Getränkehalme, oder einem entsprechend zusammengerollten Geldschein in die Nase gezogen wird. Auch das Schnupfen von einem „Kokslöffel" (Löffel mit sehr kleiner Schaufel) oder direkt vom Fingernagel sind üblich.

Cocain wird zumeist als weißes oder gräuliches Pulver in der Szene abgegeben. Nach Konsum wird man sehr agil, euphorisch, redselig und aggressiv, ferner wirkt es halluzinogen. Der Schriftsteller

113 Ebenda, S. 188.

114 Ebenda, S. 188 bis 189.

115 Weber, § 1 BtMG, Rn. 533 ff.

Robert Louis Stevenson soll nach langer schöpferischer Pause binnen 6 Tagen zwei Versionen seines Buches „Dr. Jekyll und Mr. Hyde", so wird vermutet, unter Cocaineinfluss geschrieben haben[116], was auf die ausdauerfördernde und halluzinogene Wirkung der Droge hinweist. Cocain macht in der akuten Wirkungsphase oft schmerzunempfindlich. Nasal konsumiert setzt die Wirkung etwa nach 2 bis 3 Minuten ein und dauert ca. 20 Minuten bis maximal 2 Stunden, injiziert ist der Wirkungseintritt bereits deutlich unter einer Minute zu spüren.[117] Cocain fällt unter die Anlage III zu § 1 Abs. 1 BtMG. In der Literatur wird zwischen Cocaismus, dem sozialüblichen Gebrauch vor allem bei südamerikanischen Eingeborenen durch Kauen von Cocablättern, und Cocainismus, dem Missbrauch, unterschieden.[118] Eine für Ungewöhnte gefährliche Einzelkonsumdosis liegt intravenös gespritzt bei 30 mg, nasal bei geschätzten 100 mg.[119]

Das, vor allem psychische, Abhängigkeitspotenzial von Cocain kann sich je nach Konsumverhalten relativ schnell und stark ausprägen.[120] Das körperliche Abhängigkeitspotenzial ist eher schwach.[121] In der Literatur wird Cocain zu den stärksten Betäubungsmitteln gezählt.[122]

2020 wurden insgesamt 4887 Handelsdelikte festgestellt und mindestens 11 Tonnen Cocain von deutschen Behörden sichergestellt, ein neuer Rekordwert.[123] Der Preis im Kleinhandel betrug 2019 durchschnittlich für ein Gramm 69,50 Euro, im Großhandel für

116 Schmidbauer/vom Scheidt, S. 194.

117 Geschwinde, Rauschdrogen, S. 417.

118 Schmidbauer/vom Scheidt, S. 198.

119 Geschwinde, Rauschdrogen, S. 433.

120 Schmidbauer/vom Scheidt, S. 198 ff.

121 Joachimski/Haumer, § 1 BtMG, Rn. 14.

122 Körner, Stoffe Teil 1, Rn. 113.

123 BKA, Rauschgift Bundeslagebild 2020, S. 15 bis 16.

ein Kilogramm zwischen 27 000,– Euro und 41 900,– Euro.[124] Der Reinheitsgehalt im Straßenhandel lag im gleichen Jahr im Durchschnitt bei 76,4 %, im Großhandel bei 81,6 %.[125] Immer öfter kommt Cocain ohne weitere Streckmittel in den Straßenhandel.[126]

Aus Cocain wird durch weitere Bearbeitung Crack oder Freebase hergestellt.

8. Crack und Freebase (Crack auch Rocks, Roxanne; Freebase auch Base, Baseball)

Crack ist weiß bis hellgelb, evtl. sogar pink. Es ist kristallin und körnig wie Sand.[127] Man stellt es beispielsweise durch Aufkochen von Cocain mit Backpulver und Wasser binnen weniger Minuten her, sodass sogenannte „Rocks“ entstehen.[128] Diese Herstellungsmethode ist sehr einfach und unkompliziert und erfordert keine speziellen Materialien. Crack wird geraucht. Die Wirkung tritt in Sekundenschnelle ein und ähnelt der von Cocain. Sie lässt schon nach wenigen Minuten nach und führt zu einem starken Wunsch nach der nächsten Dosis. Crack macht nicht nur psychisch, sondern sehr stark körperlich abhängig.[129] Der Preis für ein Gramm lag 2019 durchschnittlich im Straßenhandel bei 37,50 Euro, wobei die Datenlage sehr reduziert war; insgesamt wurden 232 Handelsdelikte gezählt.[130] (REITOX listet 4692 Delikte inklusive Crack, das Lagebild BKA 2019 auf Seite 1 4460 Delikte nur Cocain.)

---

124 Bericht 2020 des nationalen REITOX-Knotenpunktes an die EBDD, Drogenmärkte und Kriminalität, S. 21 bis 22.

125 Ebenda, S. 23.

126 Ebenda.

127 Stoppard, S. 79.

128 Schmidbauer/vom Scheidt, S. 127.

129 Körner, Stoffe Teil 1, Rn. 141.

130 Bericht 2020 des nationalen REITOX-Knotenpunktes an die EBDD, Drogenmärkte und Kriminalität, S. 9 und S. 14.

Freebase wird hergestellt, indem gestrecktes Cocain mit Äther, Ammonium und Wasser aufgekocht wird. Die entstehende basische Substanz Freebase wird geraucht.[131] In Deutschland spielt Freebase in offiziellen Statistiken derzeit keine Rolle.

9. Benzodiazepine

Benzodiazepine sind Beruhigungsmittel, die zur Behandlung von Angst- und Spannungszuständen zumeist als Tabletten eingesetzt werden. Ihre Wirkung ist je nach Medikament und Dosierung mehr oder weniger stark beruhigend, einschläfernd oder entspannend. Nach der Entwicklung von „Chlordiazepoxid" („Librium") 1960 folgte „Diazepam" („Valium"). Ausgehend hiervon gab es viele weitere Entwicklungen von Benzodiazepinen, die in der Bundesrepublik zu den am häufigsten missbrauchten Medikamenten gehören[132]; auch Konsumenten harter Drogen betreiben hiermit Bei- oder Ersatzkonsum. Dauernder Missbrauch führt zur psychischen und sogar körperlichen Abhängigkeit mit Entzugserscheinungen.[133] Im Jahr 2008 wurden weltweit mindestens 195 Tonnen produziert.[134] In den Jahren 2010 bis 2014 wurden insgesamt ca. 30 Milliarden Tagesdosen weltweit produziert und annähernd konsumiert.[135] Schätzungen aus 2013 zufolge sind ca. 1,2 Millionen Menschen in der Bundesrepublik abhängig von Benzodiazepinen.[136]

Identifizierbar oft mithilfe der Packung oder des Beipackzettels ist ein Benzodiazepin dadurch, dass der in ihm enthaltene und in der Beschreibung des Mittels genannte Wirkstoff in seiner Bezeichnung oft mit der Silbe „-(p)am", z. B. „Flunitrazepam", „Bromaze-

131 Rudgley, S. 192.

132 Gesamter Passus Körner, Stoffe Teil 1, Rn. 486.

133 Ebenda, Rn. 488.

134 BGH, Urteil vom 2.11.2010 – 1 StR 579/09; dort zitiertes Gutachten.

135 INCB, Report 2015, S. 38.

136 ABDA, Sachbericht Modellprojekt ambulanter Entzug benzodiazepinabhängiger Patienten, S. 8.

pam" etc., endet. Meistens stammen die Benzodiazepine bislang aus legaler Herstellung. Dies ist aber nicht immer der Fall.

Benzodiazepine können dem BtMG, dem AMG und den Umständen nach dem NpSG unterstehen. Mit einem begrenztem Wirkstoffgehalt pro abgeteilte Form, beispielsweise „Flunitrazepam" bis 1 mg ohne einen weiteren Stoff der Anlagen I bis III zu § 1 Abs. 1 BtMG, können sie als sogenannte ausgenommene Zubereitung gelten und sind dann dem Arzneimittelgesetz unterworfen.

Derzeit sind in Europa „Etizolam" und „Flualprazolam" weit verbreitet, was sich wahrscheinlich aufgrund verstärkter internationaler Kontrolle ändern wird.[137] „Etizolam" ist als verkehrs- und verschreibungsfähiger Stoff in der Anlage III, „Flualprazolam" als verkehrs-, aber nicht verschreibungsfähiger Stoff in der Anlage II zu § 1 Abs. 1 BtMG gelistet.

2019 wurden 5716 Sicherstellungen von neuartigen Benzodiazepinen in der EU gemeldet, seit Oktober 2020 werden neuartige Benzodiazepine in der EU besonders überwacht.[138]

10. Barbiturate

Bei den Barbituraten handelt es sich um barbitursäurehaltige Schlafmittel, meistens in Tablettenform. Das erste dieser Art („Veronal") wurde 1903 von den Farbenfabriken Bayer in Elberfeld vermarktet. Es kann durch Einnahme von Barbituraten ein Dämmerzustand mit leichter Euphorie erreicht werden. Rauschzustände sind mit hohen Dosen zu erlangen. Im Dauergebrauch ist die Wirkung demgegenüber stimmungshebend und aktivierend. Einige Barbiturate haben ein hohes Missbrauchspotenzial.[139] Barbiturate sind erfahrungsgemäß für Drogenabhängige attraktive Ersatz-

137 EMCDDA, New psychoactive substances: global markets, global threats and the COVID-19 pandemic, S. 18.

138 Ebenda.

139 Gesamter Passus Körner, Stoffe Teil 2, Rn. 482.

stoffe. Die in den Präparaten enthaltenen Wirkstoffe sind zumeist durch ihre Endung „-barbital“ erkennbar. Teilweise (so „Phenobarbital“ und „Cyclobarbital“ beide Anlage III zu § 1 Abs. 1 BtMG) wird der Umgang mit den Barbituraten im BtMG geregelt bzw. sind sie als ausgenommene Zubereitungen mit begrenztem Wirkstoffgehalt dem Arzneimittelgesetz unterstellt.

Die weltweiten Importe des populären Barbiturats „Phenobarbital“ betrug 2019 unter 200 Tonnen.[140]

11. Methylphenidat

1944 wurde Methylphenidat von Leandro Panizzon synthetisiert. Seine Ehefrau, deren Spitzname Rita lautete, nahm den Wirkstoff angeblich ein, weil sie unter dessen Wirkung besser Tennis spielen konnte. Daher soll Panizzon den Wirkstoff „Ritalin“ genannt haben.[141]

Als Medikamente, insbesondere zur Behandlung von Aufmerksamkeitsdefizit- und Hyperaktivitätsstörungen (ADHS) oder Narkolepsie, mit dem Inhaltsstoff Methylphenidat sind „Ritalin“, „Medikinet“, „Equasym“ und „Concerta“, teilweise mit Zusatzbezeichnungen wie „Retard“, erhältlich. Methylphenidat findet auch Anwendung bei der Behandlung von Depressionen. Es ist ein Stimulans und mit dem Amphetamin verwandt.[142] Es unterliegt der Anlage III zu § 1 Abs. 1 BtMG und kann gem. BtMVV ärztlich verschrieben werden.

Methylphenidat hemmt die Wiederaufnahme von Dopamin und Noradrenalin. Dadurch wirkt es an- und aufregend, unterdrückt Müdigkeit und Hunger, steigert kurzfristig die Leistungsfähigkeit und vermindert Schmerz und Erschöpfung.[143] Bei richtiger An-

140 INCB, Statistics for 2019, S. 38.

141 Gründer/Benkert, Handbuch der Psychopharmakotherapie, S. 766.

142 Tretter, Suchtmedizin kompakt, S. 145.

143 Dreher, Psychopharmakotherapie griffbereit, S. 175.

wendung führt es zu merklichen Verbesserungen der Aufmerksamkeit, Konzentration und des Verhaltens, speziell bei Kindern.[144]

Etwa zwei Stunden nach Aufnahme von Methylphenidat (unretardiert) wird die höchste Blutkonzentration erreicht. Die Wirkdauer beträgt ungefähr vier Stunden.[145] Bei retardierten Medikamenten wird die Freigabe des Wirkstoffs im Körper verzögert, sodass die Wirkdauer verlängert und dem Behandlungszweck angepasst ist. Üblich sind Medikamente mit Wirkdauer von ungefähr 4, 8 oder 12 Stunden.[146]

Während Untersuchungen darauf hinweisen, dass ADHS-Patienten ein erhöhtes Risiko für schwere Verkehrsunfälle aufweisen, da sie ihre Leistungsfähigkeit im Straßenverkehr überschätzen, haben Experimente unter Verwendung von Fahrsimulatoren gezeigt, dass die Fahrleistungen von Probanden unter Gabe üblicher Tagesdosen von Methylphenidat erheblich verbessert wurden.[147]

So vorteilhaft der ordnungsgemäße Gebrauch zur Medikation ist, so gibt es dennoch Missbrauchspotenzial. Beispielsweise betrieben von im Semester 2014/2015 befragten Studierenden an deutschen Fachhochschulen und Universitäten 6 % Hirndoping zur Leistungssteigerung, davon nutzten 21 % Methylphenidat.[148] Nach einer Online-Befragung der Deutsche Angestellten-Krankenkasse 2018 bis 2019 bei Erwerbstätigen im Alter zwischen 18 und 65 Jahren dopen sich rund 700 000 Berufstätige (1,8 %) unter anderem mit Methylphenidat, um fitter im Berufsalltag oder nach Arbeitsschluss zu sein. Besonders betroffen von

144 Ebenda, S. 172.

145 Ebenda, S. 175.

146 Nyberg/Stieglitz/Hofecker-Fallahpour, Ratgeber ADHS bei Erwachsenen, S. 51.

147 Kröber/Dölling/Leygraf/Sass, Handbuch der forensischen Psychiatrie: Band 5, S. 203.

148 Drogen- und Suchtbericht 2016, S. 134.

diesem „Neuro-Enhancement“ genannten Phänomen sind Arbeitnehmer über 60 Jahren.[149]

Dies ist im Hinblick auf die Verkehrsteilnahme bislang nicht erforscht. Wie bei allen Stimulanzien sind jedoch bei unangepasster Dosierung Beeinträchtigungen zu vermuten. Der Beipackzettel für „Ritalin Adult“ der Firma Novartis weist darauf hin, dass Überdosierung unter anderem zu Euphorie, Halluzinationen, Verwirrung und Delirium sowie zu Reaktionen wie Kopfschmerzen und Übelkeit führen kann.[150] In Bezug auf die Verkehrstüchtigkeit wird auf mögliche Beeinträchtigungen durch Schwindel, Schläfrigkeit, unscharfes oder verschwommenes Sehen, Halluzinationen oder andere zentralnervöse Nebenwirkungen hingewiesen.[151]

Da es sich um ein Stimulans handelt, dürfte jedoch eine aufputschende Wirkung verstärkt auftreten. Bei Beikonsum anderer Stoffe ist die Wechselwirkung nicht auszurechnen.

2018 wurden 53 Millionen Tagesdosen nur in Deutschland ärztlich verordnet.[152] Der illegale Erwerb dürfte sich auf Beschaffung legal hergestellter Medikamente beschränken.

12. Substitutionsmittel

Substitution bedeutet, dass ein Suchtstoff durch ein anderes Mittel ersetzt wird. Speziell Opiatabhängigen werden Stoffe verschrieben, die ohne oder mit nur schwacher Rauschwirkung Entzugserscheinungen mildern. Dadurch soll der Abhängige entwöhnt werden. Im Jahre 2019 (Stichtag 1. Juli 2019) waren 79 742 Substitutionspatienten bei entsprechenden Ärzten gemel-

---

149 Deutsche Angestellten-Krankenkasse, Pressemitteilung vom 7.2.2020; *https://www.dak.de/dak/download/pressemeldung-2238094.pdf*; abgerufen 18.6.2021.

150 Novartis, Beipackzettel „Ritalin Adult“, S. 5.

151 Ebenda, S. 4.

152 Schwabe/Paffrath, Arzneiverordnungsreport 2019, S. 950.

det.[153] Es wurden als Substitutionsmittel zu 38,1 % Methadon, 35,9 % Levomethadon, ca. 23 % Buprenorphin verschrieben.[154]

a) Methadon/Polamidon

Das als Methadon bekannte Substitutionsmittel ist ein sogenanntes Razemat. Dies ist eine Lösung aus linksdrehenden und rechtsdrehenden Teilen des gleichen Stoffes. Hier handelt es sich um das Gemisch aus dem Dextromethadon (rechtsdrehend), das weitgehend unwirksam ist, und dem Levomethadon (linksdrehend), welches auch als Polamidon bekannt ist. Das Razemat ist also halb so stark wie das Polamidon.

Beide Stoffe können gem. der BtMVV verschrieben werden. Sie mindern das Suchtverlangen der Opiate. Sie haben ebenfalls eine schmerzlindernde Wirkung.[155]

b) Codein

Das Codein wurde 1832 erstmalig aus Opium gewonnen und findet heutzutage neben der Substitution von Opiatabhängigen Verwendung in Husten- und Schmerzmitteln.[156] Codeinpräparate gibt es als Flüssigkeit, Pulver und in Tablettenform. Die meisten handelsüblichen Präparate sind ausgenommene Zubereitungen gem. Anlage III zu § 1 Abs. 1 BtMG und somit verschreibungsfähige Arzneimittel.

Die schmerzlindernde und euphorisierende Wirkung des Codeins ist wesentlich schwächer als die des Morphins.[157] Ebenso wie das Dihydrocodein soll Codein gem. § 5 Abs. 6 BtMVV nur in begründeten Ausnahmefällen zur Substitution verschrieben werden.

153 Drogen- und Suchtbericht 2020, S. 52; Statistik BfArM.

154 Ebenda.

155 Körner, Stoffe Teil 1, Rn. 241 ff.

156 Ebenda, Rn. 188.

157 Ebenda, Rn. 190.

c) Dihydrocodein

Dihydrocodein unterliegt dem BtMG. Es gibt davon sogenannte ausgenommene Zubereitungen wie beispielsweise Hustenmittel („Remedacen“, „Paracodin“ und andere), die dem Arzneimittelgesetz unterliegen und verschreibungsfähig sind. Dihydrocodein ist in Kapseln und als Saft erhältlich. Ähnliche Wirkungen wie die von Heroin können bei sehr hoher Dosierung erreicht werden.[158] Ebenso wie das Codein soll Dihydrocodein gem. § 5 Abs. 6 BtMVV nur in begründeten Ausnahmefällen zur Substitution verschrieben werden.

d) Buprenorphin

Buprenorphin wurde als starkes Schmerzmittel entwickelt und zunächst unter dem Namen „Temgesic“ vertrieben.[159] In der Regel ist Buprenorphin als Tablette, heute insbesondere unter dem Namen „Subutex“, erhältlich. Es wirkt euphorisierend, wobei kein „Kick“ erreicht wird; die analgetische Wirkung entspricht der 30- bis 50-fachen von Morphin. Der regelmäßige Konsum führt zu psychischer Abhängigkeit und körperlichen Entzugserscheinungen, deren Wirkung im Vergleich zu Methadon schwächer ist.[160] Buprenorphin gilt daher als gutes Substitutionsmittel bei Opiatabhängigkeit. Es blockiert ferner die Opiatwirkung, sodass Beikonsum weniger beeinträchtigend ist.[161]

---

158 Ebenda, Rn. 221.

159 Ebenda, Rn. 218.

160 Ebenda, Rn. 219.

161 Ebenda.

13. Rauschpilze (Ebenfalls genannt: Magic Mushrooms, Zauberpilze, Psilos)

Die Verwendung von Pilzen zu Rauschzwecken hat eine sehr lange Geschichte. Die für den Missbrauch bedeutendsten Pilzarten im hiesigen Raum sind die psilocin- und psilocybinhaltigen. Psilocybin ist der Phosphorsäureester[162] des Psilocins. Psilocin und Psilocybin sind nicht verkehrsfähige Betäubungsmittel nach dem BtMG (Anlage I zu § 1 Abs. 1 BtMG). Das Psilocin, das weniger stark im Pilz vertreten ist, ist für die halluzinogene Wirkung verantwortlich. Der Körper wandelt allerdings Psilocybin zu Psilocin um.[163] Bekannte Rauschpilzgattungen sind die Samthäubchen, Tintlingsarten, Häublinge, Flämmlinge, Schwefelköpfe, Risspilze, Düngerlinge, Glockenschüpplinge, Dachpilze und Träuschlinge,[164] von denen einige zwischen 0,25 % bis 1,8 % Psilocybin enthalten.[165] Erwähnenswert ist der „Spitzkegelige Kahlkopf", der beispielsweise in der Schweiz gedeiht.[166]

Ab einer Aufnahme von 4 mg Psilocybin werden Rauschwirkungen wie Glücksgefühle oder auch Depressionen, Halluzinationen, veränderte Raum- und Zeitwahrnehmung feststellbar. Gewaltausbrüche sind möglich. Körperliche Wirkungen wie unter anderem Mundtrockenheit, Pupillenerweiterung oder Gleichgewichtsstörungen sind zu beobachten. Die Wirkungsweise des Psilocybins ist der von LSD ähnlich. Eine Einnahmedosis beträgt durchschnittlich 10 mg Psilocybin. Der Rauschzustand kann

162 Ester sind chemische Verbindungen, die aus Alkoholen und Säuren entstehen.

163 Bovens/Hansjakob, Kriminalistik 2002, S. 473.

164 Ebenda, S. 471.

165 Ebenda, S. 473.

166 Ebenda, S. 471.

4 bis 10 Stunden andauern. Die Gefahr der psychischen Abhängigkeit besteht.[167]

Der Missbrauch von Fliegenpilzen erzeugt, zumindest bei den hier beheimateten Arten, keinen Rausch.

2015 wurden 15,6 kg Rauschpilze in Deutschland sichergestellt.[168] Aktuell spielen Sicherstellungen von Pilzen keine besondere Rolle in Deutschland.[169]

14. Mescalin (Meskalin)

Das Alkaloid Mescalin (Anlage I zu § 1 Abs. 1 BtMG) wird aus dem in Mexiko verbreiteten Peyote-Kaktus gewonnen, kann aber auch synthetisch produziert werden. Der Konsum erfolgt durch Injizierung oder oral durch Verspeisen getrockneter Blätter oder Spitzen des Peyote. Die Wirkung ist halluzinogen und ähnlich der von LSD.[170] Mescalin spielte in den letzten Jahren in der deutschen Drogenszene keine bedeutende Rolle. Lediglich ein Fall ist bekannt, in dem das Betäubungsmittel aus Kakteen gewonnen werden sollte.[171]

15. Neue psychoaktive Stoffe

Ständige Innovationen auf dem (illegalen) Drogenmarkt fordern die Gesetzgebung heraus. Die Gesetzeslage muss hinreichend bestimmt sein. Verkehr mit Drogen kann nur strafbar sein, wenn die Droge verboten ist. Drogendesigner versuchen die Gesetzeslage

167 Gesamter Passus ebenda, S. 473 bis 474.

168 Bericht 2016 des nationalen REITOX-Knotenpunktes an die EBDD, Drogenmärkte und Kriminalität, S. 22.

169 BKA, Rauschgift Bundeslagebild 2019, S. 37; keine Erwähnung im Lagebild 2020.

170 Joachimski/Haumer, § 1 BtMG, Rn. 31.

171 BKA, Rauschgift Bundeslagebild 2020, S. 9.

durch Veränderungen von Substanzen zu unterlaufen. Sie werden so viel wie nötig geändert, um nicht gegen Gesetze zu verstoßen, aber so wenig wie nötig, um die Wirkung der nachgeahmten Droge zu erreichen. Diese Stoffe werden verallgemeinert neue psychoaktive Stoffe genannt. Solche Stoffe werden verharmlosend teilweise unter dem Begriff „Legal Highs" vertrieben. Die Bandbreite ist groß. Es kann sich um neu designte Cannabinoide, Opioide und andere Stoffe mit der jeweils spezifisch ähnlichen Wirkweise zum Ursprungsprodukt handeln. Ein Käufer kann nie sicher sein, was er nach seiner Bestellung bekommt, selbst wenn er das gleichnamige Produkt im gleichen Shop erwirbt.[172]

Zur Ermöglichung einer rechtlichen Bewertung und Einschätzung u. a. rechtlich erforderlicher Konsequenzen klärte das EU-Projekt „ADEBAR" bzw. klärt das Folgeprojekt „ADEBAR plus" den Strafverfolgungsbehörden noch unbekannte Verbindungen analytisch auf und erfasst diese.[173]

Das NpSG ist der jüngste Versuch in der Bundesrepublik, die Problematik der ständigen Innovationen auf dem Drogenmarkt in den Griff zu bekommen.

Das Betäubungsmittelgesetz kann nur die bereits bekannten Stoffe aus den Anlagen zu § 1 Abs. 1 BtMG unter Strafe stellen. Seit 2009 wurden über 120 Substanzen wie synthetische Cannabinoide, synthetische Opioide, Amphetaminderivate sowie Designer-Benzodiazepine in die Anlagen übernommen.[174] Der Zeitverzug zwischen Erscheinen einer neuen Droge und einem bislang möglichen Verbot war sehr unvorteilhaft für die Strafverfolgung. Ein Rückgriff auf das AMG ist nach Rechtsprechung dann möglich, wenn es sich um Mittel handelt, die geeignet sind, der menschlichen Gesundheit zuträglich zu sein.[175] Synthetische Cannabinoi-

172 Berz/Burmann, Handbuch des Straßenverkehrsrechts, Drogen, Rn. 93f.

173 www.projekt-adebar.eu; abgerufen am 14.7.2021.

174 Berz/Burmann, Handbuch des Straßenverkehrsrechts, Drogen, Rn. 91.

175 EuGH, Urteil vom 10.7.2014 – C-358/13; C-181/14.

de, die der Entspannung dienen (sogenannte Kräutermischungen), waren folglich eine Zeit lang legal. Folgerichtig musste der Gesetzgeber im ständigen Wettrennen mit Drogenlaboren schneller und flexibler werden. Dem diente das Inkrafttreten des NpSG am 26.11.2016.[176] Dieses Gesetz regelt das Verbot von Stoffgruppen, nicht nur einzelnen Stoffen. Dadurch wird erreicht, dass durch geringfügige Änderungen an der chemischen Struktur neu geschaffene Substanzen, die durch die genaue Bezeichnung des BtMG noch nicht erfasst sind und ebenfalls nicht durch das AMG sanktioniert werden können, aber mit der evtl. bereits verbotenen Ursprungssubstanz in der Grundstruktur identisch sind, durch das NpSG aufgefangen werden.

In die Anlagen des NpSG wurden sukzessive Cannabinoide, die 2-Phenethylamine und weitere Substanzklassen, unter anderem Designerbenzodiazepine, eingefügt.[177]

2019 wurden durch die die EU-Mitgliedstaaten ca. 2 Tonnen neuer psychoaktiver Substanzen, hauptsächlich in Pulverform, gemeldet, wobei es sich überwiegend (zu 60 %) um synthetische Cannabinoide und Cathinone handelte.[178]

Für Verkehrsstraftaten kommen die Substanzen als Rauschmittel, siehe Definition an späterer Stelle, für eine Verkehrsordnungswidrigkeit lediglich die in der Anlage zu § 24 a StVG genannten Stoffe in Frage.

176 BGBl vom 25.11.2016, S. 2615 ff.

177 Berz/Burmann, Handbuch des Straßenverkehrsrechts, Drogen, Rn. 91.

178 EMCDDA, Europäischer Drogenbericht 2021, S. 26.

II. Drogen und Straßenverkehr

Verkehrsunfälle mit Personenschaden 2020

	Gesamt	Getötete	Schwer-verletzte	Leicht-verletzte
Alle Verkehrsunfälle mit Personenschaden	264 499	2719	58 005	269 545
Unter Alkoholeinfluss	13 003	156	4106	11 385
Unter Einfluss anderer berauschender Mittel	14 501	184	4628	12 903

Quelle: Statistisches Bundesamt

Während die Gefahren durch alkoholisierte Kfz-Führer im Straßenverkehr bereits hinreichend bekannt waren, blieben diese im Hinblick auf Drogen- und Medikamentenkonsumenten leider lange Zeit außer Acht. Bedauerlicherweise kommt es jedoch immer häufiger vor, dass gerade diese im Straßenverkehr auffällig werden, wie die Unfallstatistik nun deutlich im Vergleich Alkohol/berauschende Mittel zeigt.

Im Jahre 2019 gab es im Straßenverkehr insgesamt 160 960 Alkohol- und Drogenverstöße; bei den Drogen 3821 Straftaten, 41 516 Ordnungswidrigkeiten.[179]

Bereits in naher Zukunft, nämlich bis zum Jahre 2028, wird über ein Viertel der europäischen Bevölkerung mindestens 65 Jahre alt sein.[180] Hieraus ergeben sich Problemfelder im Hinblick auf gesundheitliche und, damit evtl. einhergehend, medikamentöse Einschränkungen bei der Verkehrsteilnahme. Die Arbeitsgemeinschaft Verkehrspolizeiliche Angelegenheiten (AGVPA) des UAFEK des Arbeitskreises II (Innere Sicherheit) der Innenministerkonferenz

---

179 KBA, https://www.kba.de/DE/Statistik/Kraftfahrer/Verkehrsauffaelligkeiten/Ueberblick/ue *berblick_inhalt.html?nn=2525894*; abgerufen 19.6.2021.

180 EMCDDA, Substanzkonsum im Alter, S. 1.

hat sich deshalb 2020 mit der Thematik beschäftigt. Nach Analyse der Verkehrsgefahren wurde ein Konzept mit ganzheitlichem Verbundansatz vorgeschlagen, in dem u. a. die verstärkte Qualifizierung der Polizei bei der Erkennung von Medikamentenmissbrauch und Medikamentenbeeinflussung befürwortet wird.[181]

Nun schon seit einigen Jahren begegnet man dem Problem Betäubungsmittel und Arzneimittel im Straßenverkehr mit speziellen Kontrollen, bei denen auch Drogenvortests zum Einsatz kommen. Voraussetzung für die erfolgreiche Identifikation eines berauschten Verkehrsteilnehmers ist jedoch immer, dass die Beamten bei der Verkehrskontrolle bereits die Zeichen für einen Drogen- oder Arzneimittelkonsum erkennen. Denn erst dann ist als Abrundung der Feststellungen ein Drogenvortest sinnvoll. Es muss letztendlich auch mit der Ablehnung eines Vortests durch den Verdächtigen gerechnet werden, sodass die Beobachtungen alleine in letzter Konsequenz eine Blutprobe und weitere Maßnahmen rechtfertigen müssen. Es wird darüber hinaus möglicherweise die Einnahme einer durch einen Vortest nicht detektierbaren berauschenden Substanz vorliegen können.

Das Institut für Rechtsmedizin der Universität des Saarlandes veröffentlichte schon im Jahre 1994 folgendes Ergebnis einer Untersuchung:

660 Blutproben von verkehrsauffälligen Fahrern ergaben in ca. 14 % Feststellung von Drogen und/oder Medikamenten, in 9,8 % zusätzlich Alkohol. In ca. 86 % der Blutproben wurde nur Alkohol nachgewiesen.

Das Institut für Rechtsmedizin der Universität München stellte 1992 bei einer Analyse von 1312 Blutproben auffällig gewordener Kraftfahrer unter 40 Jahren fest: Ca. 25 % der Blutproben enthielten Cannabis, 12,7 % Opiate und 4,2 % Cocain.[182]

181 AGVPA, Verkehrsunfälle unter Beteiligung der Generation 65+ (Kurzfassung), S. 6.

182 BT-Drucksache 13/3764 vom 8.2.1996.

In einer Studie aus den Jahren 2000 und 2001, für welche vor Kneipen, Diskotheken und Cafés Partydrogenkonsumenten zur Fahrzeugnutzung befragt wurden, gaben 94 % an, regelmäßig unter akutem Drogeneinfluss Auto zu fahren, durchschnittlich 3,5-mal monatlich. Angeblich fuhren 83 % regelmäßig unter Einfluss von Ecstasy, ein Viertel fuhr angeblich oft oder täglich unter Drogeneinfluss, 14 % hatten eigenen Angaben nach bereits einen Unfall unter Drogeneinfluss, wobei der Konsum unentdeckt blieb.[183]

Der Bericht des nationalen (deutschen) REITOX-Knotenpunktes 2006 zitierte noch einen Richtwert, der davon ausging, dass eine von 600 Fahrten unter Rauschmitteleinfluss entdeckt wird, gegenüber einer von 300 Fahrten bei Alkohol.[184]

Betäubungsmittel können nach der Aufnahme noch wie folgt nachgewiesen werden:

Droge	Nachweisdauer Blut ca.	Nachweisdauer Urin ca.	Bemerkungen
Heroin[185]	8 Std.	2 Tage–3 Tage	
Methadon[186]	12 Std.–24 Std.	3 Tage	
Codein[187]	mehrere Std.– wenige Tage	2 Tage–3 Tage	
Dihydrocodein[188]	mehrere Std. – wenige Tage	2 Tage–3 Tage	
Buprenorphin	bis 7 Std.[189]	2 Tage– 6 Tage[190]	Angaben für Blutplasma beruhen auf Einzelexperiment.

183 Kubitzki, ZVS 2001, S. 178.

184 Bericht 2006 des nationalen REITOX-Knotenpunktes an die EBDD, S. 115.

185 Kröber/Dölling/Leygraf/Saß, Handbuch der Forensischen Psychiatrie 2, S. 262.

186 Ebenda.

187 Madea/Mußhoff/Berghaus, Verkehrsmedizin, S. 491.

188 Ebenda.

189 Brandenberger/Maes, Analytical Toxicology, S. 521.

190 Tretter, Suchtmedizin kompakt, S. 158.

Droge	Nachweisdauer Blut ca.	Nachweisdauer Urin ca.	Bemerkungen
LSD[191]	bis 12 Std.	1 Tag–2 Tage	
Psilocybin[192]	bis 8 Std.	bis 24 Std.	Metabolite auch länger nachweisbar.
Mescalin	1 Std.–4 Std.[193]	bis 24 Std.[194]	
GHB[195]	6 Std.	12 Std.	
Barbiturate[196]	2 Tage–3 Tage	3 Tage–über 3 Wochen	Beispielsweise im Urin „Secobarbital" 1 Tag, „Phenobarbital" Wochen.
Benzodiazepine[197]	einige Std.–wenige Tage	3 Tage–mehrere Wochen	Nachweisbarkeitsdauer ist abhängig vom Medikament und der Häufigkeit der Einnahme.
Cannabis			Angaben für Blut betreffen THC, für Urin Metabolite.
– einmaliger Konsum	4 Std.–6 Std.[198]	2 Tage–3 Tage[199]	

191 Kröber/Dölling/Leygraf/Saß, Handbuch der Forensischen Psychiatrie 2, S. 291.

192 Ebenda.

193 Ebenda.

194 Cole, New Research on Street Drugs, S. 159.

195 Kröber/Dölling/Leygraf/Saß, Handbuch der Forensischen Psychiatrie 2, S. 262.

196 Hallwachs-Baumann, Labormedizin, S. 154.

197 Tretter, Suchtmedizin kompakt, S. 158.

198 Madea/Dettmeyer/Mußhoff, Basiswissen Rechtsmedizin, S. 190.

199 Ebenda, S. 189.

Droge	**Nachweisdauer Blut ca.**	**Nachweisdauer Urin ca.**	**Bemerkungen**
– mehrmaliger Konsum	u. U. mehr als 24 Std.[200]	u. U. bis 3 Monate[201]	3 Monate betreffen Dauerkonsum. Bei Konsum mehrmals pro Woche Nachweis bis 14 Tage möglich.
Cocain[202]	1 Std.–2 Std.	2 Tage–3 Tage	
Amphetamin[203]	6 Std.	1 Tag–4 Tage	
Metamphetamin[204]	mehrere Std.	1 Tag–7 Tage	
Ecstasy[205]	24 Std.	4 Tage	
BZP	mehrere Std.[206]	36 Std.[207]	Nicht hinreichend erforscht. Ergebnisse aus Einzel- und Tierversuchen.
m-CPP[208]	mehrere Std.	unbekannte Dauer	Nicht hinreichend erforscht. Ergebnisse aus Untersuchungen von Medikamentenkonsumenten.
Methylphenidat[209]	12 Std.–24 Std.	kaum nachweisbar	Fraglich, wenig Quellen vorhanden.

200 Ebenda, S. 190.

201 Ebenda, S. 189.

202 Kröber/Dölling/Leygraf/Saß, Handbuch der Forensischen Psychiatrie 2, S. 262.

203 Ebenda.

204 Ebenda, S. 288.

205 Ebenda, S. 262.

206 EMCDDA, Drugprofiles, BZP und andere Piperazine *(www.emcdda.europa.eu/publications/drug-profiles/bzp/de); abgerufen 29.7.2021.*

207 EMCDDA, Report on the risk assessment of BZP, S. 44.

208 Labbate/Rosenbaum/Fava/Arana, Handbook of Psychiatric Drug Therapy, S. 91.

209 Werry/Aman, Practitioner's Guide to Psychoactive Drugs for Children and Adolescents, S. 215.

Anzumerken ist, dass in der Literatur durchaus verschiedene Zeitfenster angegeben werden. Die in der Tabelle oben angegebenen Nachweismöglichkeiten beziehen sich teilweise auf Abbauprodukte. Für den Beweis einer Ordnungswidrigkeit nach § 24a StVG müssen jedoch die in der dazugehörigen Anlage aufgeführten Stoffe im Blut nachgewiesen sein. Für die §§ 316 StGB und 315c StGB reicht neben der Erfüllung der anderen Tatbestandsmerkmale diesbezüglich der Nachweis, dass der Beschuldigte unter dem Einfluss irgendeines berauschenden Mittels stand; als Beweis gilt allerdings auch hier die positive Blutprobe. Das Zeitfenster zur Analyse von Speichel ist dem von Blut leicht zeitversetzt am ähnlichsten. Zentral wirksame Substanzen gelangen zeitlich versetzt zu Speichel später durch Ausscheidung (z. B. Schweiß) auf die Hautoberfläche. Auf die Hautoberfläche können nachweisbare Substanzen gleichwohl durch Kontamination gelangt und/oder noch abgelagert sein. Die Nachweisdauer aufgrund von Ablagerung auf der Haut kann unter Umständen länger als die in Urin sein. In den Haaren kann ggf. über ein Jahr später ein Drogenkonsum festgestellt werden.[210]

Der Nachweis im Blut ist der für drogenbedingte Verkehrsverstöße – anders (bei OWi) ggf. bei Alkohol – juristisch erhebliche.

Es kann das positive Ergebnis eines Drogenscreenings in Bezug auf zumindest gebundenes Morphin in Einzelfällen durch den Verzehr von handelsüblichem Mohngebäck, wahrscheinlich wenn die Mohnsamen bei der Ernte durch herausquetschen mit Milch der Kapsel kontaminiert wurden, hervorgerufen werden. Einzelne Untersuchungen haben dies gezeigt, nachdem in Labors bereits in den Achtzigerjahren entsprechende Behauptungen von Untersuchungspatienten aufgegriffen wurden, bei denen ein Screening überraschenderweise Opiate nachwies. In Blutproben bei Versuchen der Rechtsmedizin der Universität Kiel waren bis zu 35,2 ng/ml Blutserum an gebundenen Morphinen feststellbar,

210 Madea/Dettmeyer/Mußhoff, Basiswissen Rechtsmedizin, S. 191.

was aber nicht zu Rauschzuständen oder Ausfällen führte. Es soll auch schon reines Morphin, was allein für die Strafbarkeit nach § 24a StVG relevant ist, in einzelnen Experimenten anderer Wissenschaftler nachgewiesen worden sein.[211] Wegen solcher Feststellungen wurde einem Strafgefangenen, der sich regelmäßigen Drogenscreenings unterziehen musste, sogar der Verzehr von Mohngebäck von seiner Haftanstaltsleitung untersagt; das Verbot wurde gerichtlich bestätigt.[212] Der konsumierte Ausgangsstoff kann unter Umständen nur schwer ermittelt werden. Eine Einnahme codeinhaltiger Arzneien kann dadurch bewiesen werden, dass neben Morphin auch Codein im Blut nachgewiesen wird. Im Gegenzug könnte eine entsprechende Behauptung durch den Nichtnachweis von Codein im Blut widerlegt werden.[213] Heroinkonsum könnte eindeutig durch die Feststellung von Monoacetylmorphin, das als Zwischenstufe beim Abbau von Heroin entsteht, aber nur eine sehr kurze Halbwertszeit aufweist, bewiesen werden; in Haaren ist es dauerhaft nachweisbar.

Passivrauchen verursacht keinen Cannabisrausch und keinen rechtlich interessanten Nachweis in Blut und Urin.[214] Nach bisherigen Untersuchungen entstammt im Speichel nachgewiesenes THC einer direkten Kontamination im Mund nach Rauchen oder oraler Aufnahme, eine Ausscheidung aus dem Blutkreislauf in den Speichel wird verneint.[215]

Für den Verzehr von handelsüblichen Lebensmitteln, die rechtskonform frei angeboten werden, gibt es zu messbaren THC-Nachweisen verschiedene Aussagen. So wird ein Nachweis im Blut einerseits in der Literatur nahezu ausgeschlossen und nur geringer Nachweis im Urin angegeben[216], anderseits warnt das Bundes-

211 Rocholz/Westphal/Wiesbrock/Schütz, Blutalkohol Vol. 41/2004, S. 319 ff.

212 OLG Karlsruhe, Beschluss vom 18.8.2003 – 1 Ws 217/03.

213 OLG Bamberg, Beschluss vom 27.2.2007 – 3 Ss OWi 688/05.

214 Madea, Praxis Rechtsmedizin, S. 441.

215 Berz, Erkennung von Drogenwirkungen bei Verkehrsteilnehmern, Rn. 54.

216 Ebenda, Rn. 71.

institut für Risikobewertung vor Wirkungen, die sogar verkehrsrechtliche Beeinträchtigungen hervorrufen könnten.[217]

Die Behauptung, wonach der im Medikament „Aspirin Complex“ enthaltene Wirkstoff Pseudoephedrin bei der toxikologischen Untersuchung von Blut- und Urinproben zu einer Detektion von Amphetamin führt, weil eine chemische Umwandlung stattfindet, ist in der Wissenschaft nicht bewiesen[218] und daher nicht glaubhaft.

Durch den Verzehr von „Red Bull Cola“ entsteht keine relevante Konzentration von Benzoylecgonin (nachweisrelevant für Cocain) im Blut.[219]

Die Nachweisbarkeit von Drogen oder deren Abbaustoffen in Blut, Speichel oder Urin ist abhängig von der Einstellung der eingesetzten Geräte. Insbesondere Vortests sind auf bestimmte Cut-Off-Werte modifiziert, bei deren Unterschreiten ein negatives Ergebnis angezeigt wird. Absicht ist die Verhinderung einer Blutprobe, die zu keinem Nachweis einer Ordnungswidrigkeit oder Straftat führen würde; es ist zu berücksichtigen, welches Medium (z. B. Speichel, Urin, Schweiß) getestet wird und ob und in welchem Maße damit tatsächlich Prognosen zur Blutprobe möglich sind (siehe hierzu Nachweisdauer oben). Intensiv hat sich das DRUID-Projekt u. a. mit der Auswertung von Vortests, insbesondere für Speichel der Taskbereich 3.2, beschäftigt und die Möglichkeiten, auch im Hinblick auf Cut-Off-Grenzen, einiger auf dem europäischen Markt befindlicher Verfahren beschrieben.[220] Die Hersteller der im Polizeidienst verwendeten Vortests geben auf den Beipackzetteln/Anleitungen die Cut-Off-Werte an und veröffentlichen diese auch auf ihren Internetseiten. Zu rechtlichen Grenzwerten in Deutschland in Bezug auf den Nachweis in Blut siehe die Erläuterungen an späterer Stelle.

---

217 Bundesinstitut für Risikobewertung, Stellungnahme Nr. 034/2018 vom 8.11.2018.

218 VG Neustadt, Urteil vom 10.8.2010 – 6 K 1332/09.

219 Hentschel/König/Dauer, § 24a StVG, Rn. 21a.

220 Bernhoft u. a., DRUID Task 3.2.

Cut-Off-Werte (Entscheidungsgrenzen) für den Drogenschnelltest „DrugWipe 5/5+" der Firma Securetec:[221]

Droge		Cut-Off in ng/ml Speichel
Amphetamine		50
Cocain		15
Metamphetamin		25
Benzodiazepine		10
Opiate		10
THC		30

Die meisten bei der Polizei verwendeten Drogentests detektieren zusätzlich EDDP (2-Ethylidin-1,5-Dimethyl-3,3-Diphenylpyrrolidin). Es handelt sich dabei um das Abbauprodukt von Methadon. Methadon selbst ließe sich ebenfalls in Vortests nachweisen, das EDDP gilt jedoch als eindeutiger Marker für den tatsächlichen Konsum von Methadon.

1. Auffälligkeiten und Erscheinungsformen des Drogenkonsums

Erste Indizien, ob ein Fahrzeugführer als potenzieller BtM-Konsument in Frage kommt, können sich ergeben, wenn im Fahrzeug Konsumutensilien, beispielsweise Haschischpfeife, Druckleistentütchen (mit Cannabisblatt-Emblem), Spritzen, Silberfolie, (gebogene und/oder angekohlte) Löffel, Ascorbin, BtM-Rückstände, aufgeschnittene „Bubbles" entdeckt oder Gerüche von BtM festgestellt werden. Darüber hinaus können als sekundäre Verdachtsgegenstände beispielsweise Mineralwasserflaschen, wegen starker Austrocknung gerade nach Ecstasy- oder Amphetaminkonsum im Zusammenhang mit exzessivem Partyverhalten, auffallen. Persön-

221 Große Hokamp, Evaluation von Speichel-Drogenvortests im Rahmen der allgemeinen Verkehrskontrolle, S. 32 (Test rein beispielhaft aufgeführt).

liche, chronisch vorhandene Merkmale zur Erkennung von BtM-Konsumenten sind in der Regel Einstichstellen, insbesondere in den Ellenbeugen (speziell bei Heroinkonsumenten oder stark abhängigen Cocainkonsumenten), ausgemergeltes Aussehen und vorzeitige Alterung. Gerade in der Praxis hat sich vor allem die Untersuchung der Pupillenreaktion durch Einleuchten mit einer (medizinischen) Leuchte als Prüfung eines Verdächtigen durchgesetzt. Zunächst sollte die Begutachtung der Pupillen unauffällig geschehen, wobei immer die Pupillenmerkmale einer definitiv nicht drogenbeeinflussten Person als Vergleichsmöglichkeit dienen sollten. Nach Erhärtung des Verdachtes kann durch Anleuchten der Augen mit einer medizinischen Leuchte gezielt eine Begutachtung durch den einschreitenden Beamten durchgeführt werden. (Siehe Pupillentest weiter unten)

Um die Konzentrationsfähigkeit eines Fahrzeugführers zu testen, hat sich bewährt, diesen schnell hintereinander um mehrere Dinge zu bitten oder ihm Aufgaben zu stellen (Verlangen des Aussteigens und der Aushändigung oder des Vorzeigens von Führerschein, Fahrzeugschein, Ausweis, Verbandskasten, Warndreieck, Auskunft über Ausgangs- und Zielort der Fahrt), wobei plötzliche Abänderungen des Auftrages die mentale Kondition zusätzlich auf die Probe stellen. Drogenbeeinflusste Fahrer können dem aufgrund ihrer eingeschränkten mentalen Fähigkeiten kaum nachkommen und werden nur langsam oder falsch reagieren. Darüber hinaus kann bei einer solchen Überprüfung festgestellt werden, ob konsumbedingte Sprachfehler (Lallen, verwaschene Aussprache) oder Körperreaktionen (Gleichgewichtsstörungen, Zittern, Schwitzen) vorliegen.

Es ist allgemein bekannt, dass in einer Vielzahl von Fällen Mischkonsum vorliegt, wobei sich die Wirkungen der eingenommenen Drogen verstärken oder abschwächen können. Insbesondere ist es für Amphetaminkonsumenten nach intensivem Partyfeiern üblich, sich mit einem Joint oder auch Alkohol wieder „herunterzubringen". Auch sonst sind BtM-Konsumenten, vor allem Opiatabhängige, oft polytoxikoman.

Selbstverständlich versuchen Fahrzeugführer, die von ihrem Fehlverhalten wissen, das Entdeckungsrisiko durch bestimmte Tricks zu minimieren. Die Erfahrung zeigt, dass wahrheitswidrig behauptet wird, man habe Medikamente, vielleicht sogar verschreibungsfreie, ordnungsgemäß eingenommen. Möglicherweise wird der Konsument zukünftig versuchen, eine vermeintlich schlecht nachweisbare Droge, deren Einnahme außerdem im Zusammenhang mit dem Führen von Kfz nicht nach § 24a StVG sanktioniert wird, zu missbrauchen. Denn leider ist auffällig, dass die Konsumenten die Gefährlichkeit des Führens von Kfz unter Drogeneinfluss überhaupt nicht ernst nehmen und Polizeikontrollen als eher lästig bewerten; es wird folglich nur dahingehend Vorsorge getroffen, dass man nicht überführt wird, nicht dass Gefährdungen vermieden werden.

Die unten geschilderten Symptome allein sind lediglich Anhaltspunkte für den letztendlich zu erbringenden Beweis des strafbaren Fahrens unter Drogeneinfluss, denn auch Erkrankungen könnten für einzelne Auffälligkeiten als Ursache in Betracht kommen. Es sind daher weitere Maßnahmen erforderlich, um den Anfangsverdacht zu erhärten.

a) Symptome, Verkehrsauffälligkeiten und typische Utensilien

Amphetamine

Auffälligkeiten: Zu beobachten sind „Nervosität, Geschwätzigkeit, motorische Unruhe, Konzentrationsschwierigkeiten, erweiterte, (fast) lichtstarre Pupillen, Zittern und Schlaflosigkeit". Es tritt ferner Selbstüberschätzung auf.

Verkehrsrelevanz: Verkehrsverhalten, das auf „Überschätzen der körperlichen Leistungsfähigkeit, übersteigertes Selbstwertgefühl,

Fehleinschätzung von Situationen, Realitätsverlust, Verwirrtheit, Leistungsabfall in der Entzugsphase" zurückzuführen ist, sowie „erweiterte Pupillen mit gestörter Helladaption und erhöhter Blendungsgefahr" sind typisch.[222]

Auffällige Utensilien: Druckleistentütchen, Pillendose.

Designerdrogen (Ecstasy)

Auffälligkeiten: Die Drogen verursachen ein „gesteigertes Kommunikationsbedürfnis, gesteigerte körperliche Leistungsfähigkeit, Ruhelosigkeit, Erhöhung der Pulsfrequenz sowie des Blutdrucks, einen starken Anstieg der Körpertemperatur durch Störung des Thermoregulationssystems, Schwitzen, Flüssigkeitsverlust, Kiefermuskelkrämpfe (Zähneknirschen), erweiterte Pupillen".

Verkehrsrelevanz: Die Auswirkungen sind aufgrund verschiedener Zusammensetzung schlecht einzuschätzen. Besondere Gefahren entstehen durch „Blockade von Schutzmechanismen, fehlende Wahrnehmung von Hunger, Durst oder Übermüdung mit Fehleinschätzungen der eigenen Leistungsfähigkeit bis hin zu körperlichen Zusammenbrüchen". Es sind „riskante Fahrweise, Fehleinschätzung des Fahrkönnens und plötzlich eintretende Müdigkeitsanfälle" möglich. Bei „erweiterten Pupillen gibt es keine Helladaption, womit erhöhte Blendungsgefahr" entsteht.[223]

Auffällige Utensilien: Druckleistentütchen, Pillendose.

Cocain

Auffälligkeiten: Das euphorische Stadium ist geprägt durch ein „High-Gefühl mit euphorischer Stimmung, stark positiven Empfindungen, Mut, erhöhte Risikobereitschaft, Antriebssteigerung ohne Erschöpfungs- und Ermüdungsanzeichen, Abbau von Hemmungen, gesteigertes Selbstwertgefühl, Einschränkung der Kritikfähigkeit".

---

222 Gesamter Passus Golka/Hengstler/Letzel/Nowak, Verkehrsmedizin, S. 207.

223 Gesamter Passus ebenda.

Das Rauschstadium zeigt häufig „negative und angsterfüllte Verkennung der Umwelt, evtl. hier paranoid-halluzinatorische Zustände mit Verfolgungswahn".

Das depressive Stadium erzeugt „Antriebsverlust, Müdigkeit und Erschöpfung, Reizbarkeit und Depression".

Unter akuter Wirkung sind die Pupillen geweitet.

Verkehrsrelevanz: Festzustellen sind „enthemmte, risikobereite Fahrweise mit unangepasst hoher Geschwindigkeit und Überschätzung des eigenen Leistungsvermögens, Unruhe, Fahrigkeit, Nervosität, erhöhte Blendempfindlichkeit durch geweitete Pupillen, Reizbarkeit und Aggressivität, nachlassende Konzentrationsfähigkeit und verminderte Aufmerksamkeit".

Aufgrund körperlicher Erschöpfung sind darüber hinaus „Müdigkeit und depressive Verstimmung, evtl. Orientierungslosigkeit, Verwirrtheit, Verfolgungswahn sowie langsame oder wechselnde Fahrgeschwindigkeit und Schwierigkeiten beim Spurhalten und häufig Fahrerfluchten mit Verfolgungsfahrten aufgrund eines Verfolgungswahns" möglich.[224]

Auffällige Utensilien: Ggf. Fixerbesteck, (aufgeschnittene) Bubbles (bei fortgeschrittenen Konsumenten), Spiegel, Kokserlöffelchen, Rasierklinge, Döschen, Druckleistentütchen, stark zusammengerollte Geldscheine, verkürzte Trinkhalme, Schnupfröhrchen.

Opiate

Auffälligkeiten: Der akute Rausch verursacht in „Primärphasen nach intravenöser Applikation für Minuten Handlungsunfähigkeit, in zweiter Phase milde Euphorie, Gleichgültigkeit sowie euphorische und auch dysphorische Stimmung. Der Übergang in das Entzugssyndrom mit rein körperlichen Unzulänglichkeiten sowie Beeinträchtigung der Aufmerksamkeit und Wahrnehmungsfähigkeit" ist fließend. Beim Beikonsum sind verstärkende oder

224 Gesamter Passus Madea/Mußhoff/Berghaus, Verkehrsmedizin, S. 496.

auch schwächende Wirkungsbeeinflussungen der Stoffe denkbar. Die Pupillen sind verengt.

Verkehrsrelevanz: Festzustellen sind „zentrale Dämpfung und Sedierung, Apathie, Schläfrigkeit und Benommenheit mit Konzentrationsschwächen sowie verlangsamte Motorik und verlängerte Reaktionszeiten". Durch die Miosis (Pupillenverengung) entsteht eine fehlerhafte Hell-Dunkel-Adaption. Kurz nach Konsum und auf Entzug sind „langsame, unsichere Fahrweise mit Abkommen von der Fahrspur oder auch Auffahrunfälle" denkbar. Nach Abklingen der stark hypnotischen Wirkung ist evtl. eine „aggressive, enthemmte Fahrweise (Nötigung, unangepasste, gefährliche Überholmanöver, Missachtung von Vorfahrtsgeboten etc.)" möglich.[225]

Auffällige Utensilien: Fixerbesteck (Spritze, Ascorbinsäure, Zitronensaftkonzentrat oder ausgepresste Zitronen, Löffel oder Getränkedosenboden), Blowblech (evtl. Metallfolie mit angekohlter Seite), angekohlte und zusammengerollte Geldscheine oder Papierröllchen (Blowrohr), (aufgeschnittene) Bubbles, Briefchen.

Cannabinoide

Auffälligkeiten: In der akuten Rauschphase entsteht eine „zentral dämpfende Wirkungsweise mit Störungen in der Motorik und Aussprache (Gangunsicherheiten und lallende Sprache). Gerötete, glasige Augen und weite, lichtstarre Pupillen sowie insgesamt eine Verlangsamung evtl. gepaart mit Begriffsstutzigkeit" sind feststellbar.

In der subakuten Rauschphase ist die „Trägheit vorbei und eine eher ausgelassene, unbekümmerte Grundstimmung mit Euphorie und Heiterkeit sowie innere Gelassenheit unter Ausschaltung negativer Umwelteinflüsse, herabgesetzte Kritikfähigkeit und eine Überschätzung des Leistungsvermögens" treten ein.

225 Gesamter Passus ebenda, S. 491.

In der postakuten Rauschphase wird ein „verminderter Antrieb mit Passivität“ bei mentaler Unklarheit bewirkt.

Verkehrsrelevanz: Beispielsweise können „wechselnde Fahrgeschwindigkeiten, Abweichungen bzw. Abdriften von der Fahrspur, Missachtung von Vorfahrtzeichen und Rotlicht, nicht adäquate Reaktionen auf Wahrnehmungen am Rande des Blickfelds“ zu beobachten sein.[226]

Auffällige Utensilien: Aufgebröselte Zigaretten (Tabak wird für Joint benutzt), Druckleistentütchen, Gegenstände mit Cannabisblattemblem, große Zigarettenpapierblättchen für Joints, Tipps (Pappstückchen von ca. 2 cm × 1 cm Größe zur Verstärkung des Mundstücks eines Joints), Zigarettenschachteln mit ausgerissenen Ecken (diese könnten als Tippersatz genutzt werden), Rauchgeräte (Shillum, Wasserpfeife etc.), aufgerauchte Joints im Aschenbecher, angekohlte Metallfolie (zum Einbröseln von Haschisch wird dieses auf Folie erhitzt), Taschenmesser.

LSD

Auffälligkeiten: LSD-Konsum führt zu Pupillenerweiterung mit Problemen bei der Helladaption und dadurch zu Blendempfindlichkeit. Starke Halluzinationen stören das Raum-/Zeitgefühl. Unberechenbare Stimmungsschwankungen von „euphorisch bis depressiv“ und umgekehrt sind möglich. Erscheinungen wie „Schweißausbrüche, Kälteschauer, Schwindel, Bewegungsstörungen, Übelkeit und Erbrechen“ und andere sind zu beobachten.

Ein „Horror-Trip“ erzeugt „panikartige Zustände, Verfolgungswahn bis zur Todesangst“.

Verkehrsrelevanz: „Selbstüberschätzung und Sinnestäuschungen“ können bis hin zur Suizidgefahr führen; beispielsweise glaubt ein LSD-Konsument, „mit seinem Fahrzeug Hindernisse überfliegen zu

226 Gesamter Passus ebenda, S. 481.

können". Durch die starke halluzinatorische Wirkung ist ein Konsument „zur Verkehrsteilnahme völlig ungeeignet".[227]

Auffällige Utensilien: Pillendöschen, Druckleistentütchen.

GHB/GBL

Auffälligkeiten: In niedrigeren Dosen ist die Wirkung dem Alkoholrausch, auch im Hinblick auf die Fahrsicherheit, ähnlich. Bei höheren Dosierungen ab 2,5 g sind „motorische Unruhe, tranceartiger Schwebezustand" begleitet von „plötzlicher Schläfrigkeit" und „Sprachstörungen" zu beobachten. „Hochdosierungen können" unter anderem „zu Gleichgewichtsstörungen, Schwindel und Schwitzen" führen.[228]

Verkehrsrelevanz: Vermutlich ähnlich Alkohol; ggf. Abkommen von der Fahrspur, Missachtung von Verkehrszeichen, verspätete Reaktionen. In der Literatur sind Einzelfälle beschrieben, die von verwirrter Fahrweise und Frontalunfällen berichten.[229]

Auffällige Utensilien: Kleine Kunststofffläschchen.

Benzodiazepine

Auffälligkeiten: Möglicherweise sind keine Symptome erkennbar. Es gibt verschiedene Medikamente, die unterschiedlich stark und lang wirken.

„Benommenheit, Sedierung, Müdigkeit und Schwindelgefühle" können auf Benzodiazepineinfluss hinweisen. „Überadditive Wirkungen entstehen bei einer Verbindung mit Alkohol".[230]

227 Gesamter Passus BADS, Alkohol und Drogen im Straßenverkehr, S. 84.

228 Geschwinde, Rauschdrogen, S. 208 bis 209 (nur für GHB).

229 Burns/Atasoy, Medical-legal aspects of abused substances, S. 165 bis 166.

230 Gehrmann, NZV 2005, S. 6.

Verkehrsrelevanz: Benzodiazepine bewirken ein „erhöhtes Unfallrisiko".[231] Im Verkehr können sich Verhaltensweisen zeigen, die auf „Gleichgültigkeit, verminderte Vigilanz, Störungen der Grob- und Feinmotorik" zurückzuführen sind.[232]

Auffällige Utensilien: Arzneimittelpackungen oder Verpackungsstreifen, ggf. Pillendöschen oder Druckleistentütchen.

Barbiturate

Auffälligkeiten: „Schläfrigkeit, geistige Verwirrung, langsame Bewegungen, Koordinationsschwierigkeiten, alkoholähnliche Symptome".[233]

Verkehrsrelevanz: Die Auffälligkeiten dürften denen von Benzodiazepinen ähnlich sein.

Auffällige Utensilien: Arzneimittelpackungen oder Verpackungsstreifen, ggf. Pillendöschen oder Druckleistentütchen.

b) Testmöglichkeiten durch die Polizei

Es gibt für einschreitende Beamte Möglichkeiten, einen Verdächtigen ohne Vortest oder zusätzlich hierzu und unabhängig vom Arzt auf drogenbedingte Beeinträchtigungen zu testen. Die Tests sind für den Probanden freiwillig. Sie können den Verdacht des Drogenkonsums erhärten und das Gesamtbild des Sachverhalts abrunden. Betont werden muss, dass Auffälligkeiten krankheitsbedingt sein könnten. Die Tests werden teilweise auch durch den Arzt im Rahmen der genaueren Untersuchung und Blutabnahme durchgeführt. Das Untersuchungsergebnis des Arztes und die Beobachtungen der einschreitenden Beamten können verschieden sein, da sie zeitlich versetzt stattfinden und die Stoffwirkungen beim Probanden variieren können.

231 Beubler/Haltmayer/Springer, Opiatabhängigkeit, S. 271.

232 Gehrmann, NZV 2005, S. 6.

233 Lawrence/Oberman, Drunk driving defense, S. 51.

Die aufgeführten Testmöglichkeiten, ausgenommen der Pupillentest, wurden dem Heft „Drogenerkennung im Straßenverkehr" der Bundesanstalt für Straßenwesen entnommen.

Pupillentest

Der Pupillentest ist sehr einfach möglich. In Dunkelheit sollten die Pupillen eines gesunden Menschen erweitert sein. Durch Einleuchten in die Augen sollte eine Adaption erfolgen, indem die Pupillen sich rasch verengen. In Dunkelheit bereits verengte Pupillen weisen beim gesunden Menschen auf Opiatkonsum hin, in Helligkeit erweiterte Pupillen beispielsweise auf Konsum von Metamphetamin, Amphetamin, Cocain, Ecstasy, LSD oder Cannabis. Gelegentlich ist bei Cannabiskonsum ein sogenannter „Reboundeffekt" beobachtbar, bei dem eine geweitete Pupille sich bei Einleuchten zusammenzieht und dann trotz andauernden Einleuchtens wieder auf fast die ursprüngliche Größe zurückgeht.[234] Bei Auffälligkeiten sind diese zu dokumentieren, da es für das spätere Verfahren relevant ist, ob die Pupillenreaktion der Wirkung der nachgewiesenen Droge entspricht.[235] Hier bietet sich die Nutzung einer Schablone (weiter unten) an, mit deren Hilfe Pupillengrößen in Millimetern geschätzt werden können. Einschränkend ist anzumerken, dass Auffälligkeiten nur bei akuter Wirkung zu beobachten sind, sodass eine unauffällige Pupillenreaktion nicht unbedingt bedeutet, dass kein Drogenkonsum vorliegt.

Bei einem Mischkonsum können sich die Wirkungen der Drogen, insbesondere im Hinblick auf die Pupillen, beeinflussen, sodass es zu entgegengesetzter oder verstärkender Wirkung kommt.[236] Verzögerungen der Pupillenreaktion dürften bei akuter Wirkung nach Drogenmissbrauch jedoch meistens vorhanden sein.

234 OLG Zweibrücken, Beschluss vom 10.5.2004 – 1 Ss 26/04.

235 Berr/Krause/Sachs, Drogen im Straßenverkehrsrecht, S. 60.

236 BAST, Drogenerkennung im Straßenverkehr, S. 86.

Pupillenweiten:

1 mm	1,5 mm	2 mm	2,5 mm	3 mm	3,5 mm	4 mm	4,5 mm

5 mm	5,5 mm	6 mm	6,5 mm	7 mm	7,5 mm	8 mm	8,5 mm

9 mm	
	Geweitete Pupillen z. B. bei Cocain, Amphetamin, Metamphetamin, Cannabis, LSD. Verengte Pupillen bei Opiaten.

Nystagmustests[237]

Bei einem Nystagmus handelt es sich um schnelles und rhythmisches horizontales oder vertikales Augenzittern.

Beim Drehnachnystagmustest wird der Proband fünfmal innerhalb von 10 Sekunden um die eigene Achse gedreht. Anschließend wird ihm ein Stift oder ein Finger in Entfernung von ca. 25 cm ruhig vor die Augen gehalten. Der Verdächtige soll Finger oder Stift mit den Augen fixieren. Zittern hierbei die Augen mehr als 10 Sekunden nach, ist dies auffällig.

Der sogenannte Auslenkungsnystagmus ist ein Zittern beim Blick mit den Augen zur Seite.

Getestet werden kann hierauf, indem vor dem Gesichtsfeld des Probanden ein Finger oder Stift bewegt wird, wobei nur mit den Augen gefolgt werden darf. Beim Verfolgen des Objekts wäre eine ruckartige Augenbewegung verdächtig. Ferner sollte beim „Schie-

237 Gesamter Passus ebenda, S. 122 bis 123.

len" zur Seite beobachtet werden, ob und ab welchem Ablenkungswinkel ein Augenzittern beginnt. Je höher die Beeinträchtigung des Probanden, umso kleiner dieser Winkel.

Der Vertikalnystagmustest soll prüfen, ob beim Blick nach oben ein Zittern auftritt. Stift oder Finger werden etwa 30 cm bis 40 cm vor dem Gesicht des Probanden langsam immer weiter nach oben bewegt. Der Proband darf nur mit den Augen folgen. Wie bei den beiden anderen Tests wird festgestellt, ob und wann ein Zittern beginnt.

Rombergtest[238]

Der Proband stellt die Füße zusammen und legt die Arme am Körper an. Auf das Startzeichen legt er den Kopf in den Nacken und schließt die Augen. Er wird gebeten, selbstständig 30 Sekunden abzuschätzen und entsprechend „Stopp" zu sagen.

Starke Abweichungen von der geschätzten Zeit, Konzentrationsschwächen, Zittern oder Gleichgewichtsstörungen sind verdächtig.

Geh- und Drehtest[239]

Der Proband wird gebeten, neun Schritte mit angelegten Armen auf einer Linie zu gehen, wobei er einen Fuß vor den anderen setzen und laut mitzählen soll. Nach dem letzten Schritt erfolgt eine Drehung auf dem Fuß, mit dem der letzte Schritt gesetzt wurde, und der Proband geht neun Schritte zurück. Auffällig bei der Ausführung wären Zittern, Gleichgewichts- oder Konzentrationsstörungen.

---

238 Gesamter Passus ebenda, S. 124.

239 Gesamter Passus ebenda, S. 124 bis 125.

Stand auf einem Bein[240]

Der Proband wird gebeten, sich auf ein Bein zu stellen, das andere ca. eine Hand breit vom Boden abzuheben, die Arme an den Körper zu legen und laut von 1001 bis 1030 zu zählen. Verdächtige Beobachtungen wären Zittern, Gleichgewichts- und Konzentrationsstörungen.

Finger-Nase-Test[241]

Der Proband soll beide Füße nebeneinanderstellen, die Augen schließen, den Kopf leicht in den Nacken legen, die Hände zu Fäusten ballen, wobei die Zeigefinger ausgestreckt bleiben, und die Arme an den Körper legen. Nun wird er sechsmal aufgefordert, mit dem Finger einer Hand die Nasenspitze zu berühren (links, rechts, links, rechts, rechts, links).

Auffälligkeiten können Zittern, Gleichgewichts- oder Konzentrationsschwierigkeiten sein.

Finger-Finger-Test[242]

Der Proband stellt sich gerade mit geschlossenen Augen auf und hält seine Arme seitlich ausgestreckt vom Körper. Mit gestreckten Armen soll er schließlich auf Kommando seine beiden Zeigefinger vor der Nase zusammenführen. Der Test kann ggf. Konzentrationsmängel oder Zittern sowie Gleichgewichtsstörungen erkennen lassen.

---

240 Gesamter Passus ebenda, S. 125 bis 126.

241 Gesamter Passus ebenda, S. 126.

242 Gesamter Passus ebenda.

2. Die Verkehrskontrolle

Die Überprüfung in Bezug auf spezielle Feststellungen von Drogen im Straßenverkehr findet entweder als sogenannte Standkontrolle, wobei stationär Fahrzeuge aus dem fließenden Verkehr herausgezogen werden, als Kontrolle aus dem fließenden Verkehr heraus oder auch aufgrund von speziellen Sachverhaltsregelungen, zumeist einer Unfallaufnahme, statt. Als ideal hat sich die Beobachtung vorbeifahrender Fahrzeuge aus dem stehenden Polizeifahrzeug heraus erwiesen, wobei verdächtige Fahrzeuge verfolgt, in Bezug auf Fahrauffälligkeiten beobachtet und schließlich angehalten werden.

Die Verkehrskontrolle ohne konkrete Verdachtsmomente richtet sich nach § 36 Abs. 5 StVO.

Kontrollen wegen bestimmter Verdachtsmomente richten sich nach den einschlägigen Bestimmungen des Ordnungswidrigkeiten- bzw. des Strafprozessrechts. Die Überprüfung eines Kfz-Führers, der eine auffällige Fahrweise zeigt, wird beispielsweise den Zweck verfolgen, die im Verdacht stehende Verkehrsstraftat zu verfolgen, indem der Fahrer begutachtet wird, seine Identität festgestellt und die Umstände der Fahrweise ermittelt werden etc. Der Zweck der Kontrolle ist insbesondere im Hinblick auf einschlägige Formvorschriften wie Nennung des Anhaltegrundes, die Belehrung, sich u. a. nicht selbst belasten zu müssen, und weitere Rechtsfolgen relevant.

Es ist in jedem Falle anzumerken, dass der durch einen Polizeibeamten begutachtete Fahrzeugführer nicht immer einem vermeintlich typischen Täterbild entsprechen muss. Auch wenn spezielle Auffälligkeiten von Drogenkonsumenten aufgezählt und beschrieben wurden, so gibt es dennoch den unauffällig berauschten Menschen. Tatsache ist, dass auch durch Aufnahme von starken Medikamenten, die ordnungsgemäß verschrieben und eingenommen wurden, ohne dass sich der Konsument vielleicht der beeinträchtigenden Wirkung bewusst war, eine Teilnahmefähigkeit für den Straßenverkehr nicht oder nicht mehr vollständig gegeben sein könnte. Gerade viele ältere Menschen sind auf Medikamente medizinisch angewiesen. Darüber hinaus gibt es eine hohe Zahl von Medikamentenabhängigen. In einer Studie von 1989/90 wurden in Blutproben verhaltensauffälliger Fahrzeugführer immerhin schon zu 13,2 % Medikamente oder Drogen, wobei Spitzenreiter bei den Medikamenten die Benzodiazepine waren[243], entdeckt. Im Falle ordnungsgemäßer Verschreibung und Einnahme von Medikamenten oder der Einnahme einer nicht in der Anlage genannten Substanz ist zwar kein Verstoß gegen § 24 a Abs. 2 StVG gegeben, dennoch können § 316 StGB oder § 315 c StGB nach Konsum eines berauschenden bzw. körperliche oder geistige Mängel verursachenden Mittels in Betracht kommen.

Die Zeiten und Örtlichkeiten für gezielte Verkehrskontrollen sind den jeweiligen Gegebenheiten anzupassen. Die lokale Partyszene beispielsweise bietet hier genügend Aufklärungsansätze im Vorfeld; regelmäßig wird im Internet auf Veranstaltungen hingewiesen. „Trance-“ oder „Goa-“Partys werden von Partydrogenkonsumenten regelmäßig frequentiert, wobei nach Einstimmung bei „Opener-“Partys die wichtige Veranstaltung erst spät nach Mitternacht aufgesucht wird. Morgens bis mittags gibt es schließlich noch ein „Chill-Out“, bei dem der Partygänger sich mit Cannabisprodukten „down“ bringt, um zur Ruhe zu kommen. Extreme Partygänger feiern das gesamte Wochenende mit Rauschmitteln durch und sind ggf. zu jeder Tages- und Nachtzeit mit dem Kfz anzutreffen. Der Heroinabhängige wird ebenfalls möglicherweise unter dem Einfluss von BtM stehen und darunter Fahrzeuge führen, soweit er dazu die Möglichkeiten hat. Fahrten unter Drogen- oder Medikamenteneinfluss finden aber allgemein zu jeder Tages- und Nachtzeit statt!

243 DVR, Faktensammlung Drogen und Medikamente im Straßenverkehr, 3.1.

Es sind grundsätzlich drei Phasen für die polizeiliche Drogenerkennung im Straßenverkehr relevant.[244] Die erste Phase umfasst die Beobachtung der Fahrweise des Verkehrsteilnehmers im Verkehr oder bei Annäherung an die Kontrollstelle. Hier kann bereits erkannt werden, ob Auffälligkeiten im Zusammenhang mit dem Führen festzustellen sind. Bei Begutachtung von bereits geschehenen Verkehrssachverhalten, wie dem Unfall oder Ermittlungen nach Zeugenaussagen, fällt diese Phase weg.

Die zweite Phase ist die Kontaktphase. Fahrzeugführer und Fahrzeug werden kontrolliert und können vom einschreitenden Beamten beobachtet und begutachtet werden.

Werden nun ausreichende Feststellungen, wie an anderer Stelle geschildert, getroffen, liegen folgende Verdachtsmomente vor, wenn diese durch den Betroffenen nicht sofort stichhaltig ausgeräumt werden können:

- Nur körperliche Auffälligkeiten ohne Auswirkungen auf die Verkehrstauglichkeit: Möglicher Verstoß gegen § 24 a StVG (außer Verschreibung oder nicht aufgeführtes Mittel wurde konsumiert);
- Fahrfehler oder Ausfallerscheinungen: Möglicher Verstoß gegen § 316 StGB (unerheblich welche Substanz, soweit es sich um ein berauschendes Mittel handelt, konsumiert wurde und ob sie verschrieben wurde, wenn sie ursächlich für den Ausfall/Fahrfehler ist);
- Gefährdung von Sachen von bedeutendem Wert oder Leib oder Leben eines anderen bzw. bereits Unfall: § 315 c StGB (unerheblich welche (berauschende) Substanz konsumiert wurde und ob sie verschrieben wurde, wenn sie ursächlich für den gefährdenden Ausfall/Fahrfehler ist; Tatbestandsmerkmale lauten „infolge anderer berauschender Mittel oder infolge geistiger oder körperlicher Mängel“).

(Siehe hierzu jedoch die genauen Ausführungen an anderer Stelle)

244 Phasen nach Maurer, Blutalkohol Vol. 37/2000, S. 70 ff.

Es wird anschließend in die dritte Phase übergegangen, welche die Beweissicherung beinhaltet. Urin-, Speichel- oder Schweißvortests können nun genutzt werden und liefern Erkenntnisse über die Art des konsumierten Betäubungsmittels. Es stehen dem kontrollierenden Polizeibeamten nicht unbedingt für alle Substanzen Vortests zu Verfügung; vornehmlich können die in § 24a StVG bzw. dessen Anlage aufgeführten Substanzen sowie Benzodiazepine, Barbiturate und Methadon vor Ort ermittelt werden.

Drogenvortests können Fehlerquoten aufweisen, sodass falsch positive Werte oder falsch negative Werte angezeigt werden. Das EU-Projekt DRUID unter Federführung der BAST beschäftigte sich u. a. mit der Untersuchung von Vortests für Speichel und zeigte Grenzen und Möglichkeiten auf.[245] Insbesondere sollte bei einem Vortest berücksichtigt werden, dass die Nachweiszeiten in Speichel, Schweiß oder Urin unterschiedlich sind und später mit der Blutprobe wiederum ein anderes Medium beweiserheblich wird. Beispielsweise kann ein Vortest bei einer Urinprobe ein korrektes positives Ergebnis zeigen, während die Blutprobe negativ ist, weil der Konsum längere Zeit zurückliegt. Auf der anderen Seite kann es sein, dass der Konsum gerade erst stattgefunden hat, wodurch eine Urinprobe negativ, die Blutprobe jedoch positiv wäre.

Gerichtsfest ist am Ende nur die Blutprobe, die nach hinreichenden Anhaltspunkten für die Verkehrsteilnahme mit einem Kfz unter Drogeneinfluss durchgeführt wird.

Die dritte Phase umfasst selbstverständlich die gesamte für den Einzelfall in Betracht kommende Beweissicherung, also ggf. auch Aufnahme von Zeugenaussagen und Sicherstellungen von Beweismitteln. Von besonderer Wichtigkeit ist die Dokumentation der Beobachtungen zu verschiedenen Zeitpunkten, nämlich die Feststellungen von Phase 2 und der meist wesentlich später stattfindenden ärztlichen Untersuchung innerhalb der Phase 3, da der Konsument schon binnen einigermaßen kurzer Zeiträume völlig

245 Bernhoft u. a., DRUID Task 3.2.

andere Symptome zeigen kann, speziell bei Mischkonsum. Diese Beobachtung wird gerade bei Konsumenten von Partydrogen immer wieder gemacht. Über die persönlichen Merkmale des Betroffenen/Beschuldigten hinaus sind Wetter und verkehrliche Besonderheiten zu beschreiben, um spätere Einlassungen des Beschuldigten/Betroffenen, er habe keine Fahrfehler begangen, sondern z. B. lediglich Schlaglöchern ausweichen müssen oder wegen starker Regenfälle schlecht sehen können, bewerten zu können. Die Polizeibehörden stellen ihren Beamten und den (Vertrags-) Ärzten Formulare zur Verfügung, in denen checklistenartig alle Feststellungen eingetragen werden können.

Beispielhaft die Kostenaufstellung der Polizei Berlin für das Tätigwerden im Bereich von Drogenverstößen gem. § 24 a StVG:[246]

Transport zur Blutentnahme	53,80 Euro	Kosten für Drogengutachten bei einem Mittel/bei zwei Mitteln	ca. 214,– Euro/ ca. 375,– Euro (Alkohol 58,29 Euro)
Kosten der Blutentnahme	25,94 Euro	Sonstige Verwaltungskosten	ca. 5 % des Bußgeldes zuzüglich 3,50 Euro Zustellung

Der ADAC bezifferte vor wenigen Jahren die Kosten für Anwalt, Verfahren, MPU, Untersuchungen etc. nach einer „Rauschfahrt" auf 5000,– Euro bis 7000,– Euro.[247]

Daneben ergeben sich weitere Nachteile nach einer Rauschfahrt wie u. a. möglicher Arbeitsplatzverlust, wenn die Fahrerlaubnis Grundlage des Arbeitsverhältnisses ist, oder Regressforderungen der Versicherung aufgrund von Schadensverursachung.

---

246 *https://www.berlin.de/polizei/aufgaben/bussgeldstelle/alkohol-und-drogen*; abgerufen 3.7.2021.

247 ADAC, Drogen im Straßenverkehr, S. 28 bis 29. (Auch Webseite ADAC; Stand 28.5.2021.)

3. Die Verkehrsverstöße

a) Allgemeines

„**Fahrzeugführer** ist, wer ein Fahrzeug unter bestimmungsmäßiger Anwendung seiner Antriebskräfte unter eigener Allein- oder Mitverantwortung in Bewegung setzt und es unter Handhabung seiner technischen Vorrichtungen während der Fahrbewegung durch den öffentlichen Verkehrsraum ganz oder wenigstens z. T. leitet.“[248] Die Handlung ist auch in Arbeitsteilung durchführbar.[249]

Voraussetzung ist die Bewegung des Fahrzeugs, erkennbar durch das Rollen der Räder, und die Kontrolle über das Fahrzeug, die übrigens auch von außerhalb durch Datenmanipulation erlangt werden könnte.[250]

In Bezug auf das autonome Fahren (siehe § 1 a Abs. 2 StVG) gilt nach § 1 a Abs. 4 StVG als Fahrzeugführer „auch derjenige, der eine hoch- oder vollautomatisierte Fahrfunktion im Sinne des Absatzes 2 aktiviert und zur Fahrzeugsteuerung verwendet, auch wenn er im Rahmen der bestimmungsgemäßen Verwendung dieser Funktion das Fahrzeug nicht eigenhändig steuert“.

Für einen Fußgänger kommt bei Verkehrsuntauglichkeit als Ordnungswidrigkeit der Tatbestand des § 2 Abs. 1 FeV in Betracht.

„Eine Straße ist **öffentlich** im Sinne des Verkehrsrechts (§ 1 StVG, § 1 StVO a. F.), wenn sie entweder ausdrücklich oder mit stillschweigender Duldung des Verfügungsberechtigten tatsächlich für jedermann zur Benutzung zugelassen ist und auch so benutzt wird. Keine Rolle spielt dagegen, ob eine verwaltungsrechtliche Widmung vorliegt.“[251]

---

248 BGH, Urteil vom 27.7.1962 – 4 StR 215/62 = Burmann/Heß/Hühnermann/Jahnke, § 2 StVO, Rn. 7; auch BGH, NZV 1989, S. 32.

249 Hentschel/König/Dauer, § 316 StGB, Rn. 5.

250 Ebenda, Rn. 3.

251 BGH, Urteil vom 25.4.1972 – VI ZR 208/70.

Zu unterscheiden bei der Bewertung eines Sachverhalts im Hinblick auf § 24 a StVG, § 315 c StGB und § 316 StGB ist, ob das Führen eines Kfz (Motorkraft, siehe § 1 Abs. 2 StVG) oder nur eines Fahrzeugs vorliegt, ferner, ob nur der Straßenverkehr oder eine andere Verkehrsart (beispielsweise Schiffs- oder Eisenbahn- oder Luftverkehr) betroffen ist. Unterliegt ein Fahrzeugführer denselben körperlichen und geistigen Anforderungen wie ein Kfz-Führer, lenkte er beispielsweise ein abgeschlepptes Kraftfahrzeug oder lässt er zum Starten des Motors anrollen, kann man dies als Führen eines Kraftfahrzeugs werten; Rollen ohne Motorkraft ist zumindest Führen eines Fahrzeugs (bei Fahrrädern etc. müssen die Füße komplett vom Boden sein).[252]

In Bezug auf die Straftaten ist weiterhin zu bewerten, ob Fahrlässigkeit, vorverlegte Schuld oder eine Vollrauschtat gem. § 323 a StGB in Betracht kommen.

Ein sogenannter „Flashback“, wie er beispielsweise bei LSD oder Cannabis vorkommen soll, kann ebenfalls zur Tatbestandserfüllung der beschriebenen Delikte führen. Hierbei ist jedoch zu prüfen, ob Fahrlässigkeit beim Täter vorliegt. Der „Flashback“ führt zu einem Rauschzustand, ohne dass zuvor Rauschgift konsumiert worden ist. Eine vorsätzliche Tat würde hier wohl in den meisten Fällen ausscheiden. Das Flashbackphänomen ist wissenschaftlich nicht belegt.

252 Hentschel/König/Dauer, § 316 StGB, Rn. 4; Verweis darauf in § 24 a StVG, Rn. 10.

b) § 24 a StVG

Schaubild § 24 a Abs. 2 StVG

Führen eines Kfz

|

Öffentlicher Straßenverkehr

|

Wirkung von berauschenden Mitteln gem. Anlage (siehe unten)
Wirkung = Nachweis im Blut ab analytischem Grenzwert

Ausnahme: Mittel ärztlich verordnet für konkreten Krankheitsfall

Gem. Abs. 3 auch Fahrlässigkeit strafbar

Wer Kraftfahrzeuge (definiert in § 1 Abs. 2 StVG) unter der Wirkung eines in der Anlage zu § 24 a Abs. 2 StVG genannten berauschenden Mittels bzw. einer dort aufgeführten mit dem Mittel korrespondierenden Substanz im öffentlichen Straßenverkehr führt, kann wie folgt bestraft werden: [253]

Tatbestands-nummer	Text	Punkte	Buß-geld	Fahr-verbot
424648	Sie führten das Kraftfahrzeug unter Wirkung des berauschenden Mittels. (Mittel angeben!) § 24 a Abs. 2, 3, § 25 StVG; 242 BKat; § 4 Abs. 3 BKatV	2	500,– €	1 Monat

253 Bundeseinheitlicher Tatbestandskatalog, siehe Tatbestandsnummern.

Tatbestands-nummer	Text	Punkte	Buß-geld	Fahr-verbot
424649	Sie führten das Kraftfahrzeug unter Wirkung des berauschenden Mittels. (Mittel angeben!) – bei **Eintragung von bereits einer Entscheidung** nach § 24a StVG, §§ 316 oder 315c Abs. 1 Nr. 1 Bstb. a StGB im FAER. § 24a Abs. 2, 3, § 25 StVG; 242.1 BKat; § 4 Abs. 3 BKatV	2	1000,– €	3 Monate
424650	Sie führten das Kraftfahrzeug unter Wirkung des berauschenden Mittels. (Mittel angeben!) – bei **Eintragung von bereits mehreren Entscheidungen** nach § 24a StVG, §§ 316 oder 315c Abs. 1 Nr. 1 Bstb. a StGB im FAER. § 24a Abs. 2, 3, § 25 StVG; 242.2 BKat; § 4 Abs. 3 BKatV	2	1500,– €	3 Monate

Die Regelsätze gelten für die fahrlässige Begehung. Bei Vorsatz verdoppeln sich die Beträge.

Der § 24a Abs. 2 StVG als Ordnungswidrigkeitentatbestand, der am 1. August 1998 in Kraft trat, wurde vom Gesetzgeber ursprünglich so angelegt, dass für die in der Anlage angegebenen Stoffe eine Nullgrenze galt. Eine Wirkung wurde angenommen, sobald im Blut eine Substanz aus der Anlage unbeachtlich der Konzentration nachgewiesen wurde. Fahrunsicherheiten oder Fahruntüchtigkeiten verlangt der Tatbestand nicht. Eine Ahndung ist nach wie vor nur bei Nachweis im Blut möglich, es hat hierzu inzwischen aber diverse Entwicklungen zur Stoffkonzentration zunächst ausgehend von dem Bundesverfassungsgericht gegeben.

Das Bundesverfassungsgericht konnte die Maßgabe, dass jedweder Nachweis von THC im Blut auch eine Wirkung auf die Fahreignung haben könne, nicht bestätigen und schloss sich der Meinung der Wissenschaft an, dass dies erst ab 1 ng/ml Blut annehmbar sei.[254]

Die Rechtsprechung folgte der Wissenschaft in Bezug auf Grenzwerte bei Drogen mittlerweile auch dahingehend, dass die Empfehlungen der Grenzwertkommission der Gesellschaft für Toxikologische und Forensische Chemie für die in der Anlage des § 24a StVG genannten Drogen bzw. Stoffe als Mindestwerte zum Nachweis dieser Ordnungswidrigkeit starke Beachtung fanden. Bei „tiefer liegenden Messwerten" sei der Grenzwertkommission nach die „Annahme eines zeitnahen Konsums zunehmend weniger gerechtfertigt".[255] Erst 2016 verneinte die Grenzwertkommission eine Neubewertung für THC und blieb beim bisher vorgeschlagenen analytischen Wert (1 ng/ml, siehe unten).[256] Das OLG Bamberg und das OLG München sahen zumindest teilweise keine Verpflichtung, erst ab der Mindestwerte eine Wirkung anzunehmen, wenn beispielsweise ergänzend ein rechtsmedizinisches Gutachten rauschmittelbedingte Leistungseinschränkungen für die Verkehrstauglichkeit feststellen würde; siehe hierzu die nachstehende Tabelle. Der bundeseinheitliche Tatbestandskatalog hat die unteren Grenzwerte der Grenzwertkommission übernommen und seit 2008 verbindlich gemacht; im Ordnungswidrigkeitenbereich ist grundsätzlich keine Ahndung bei geringeren Konzentrationen vorgesehen.

Die Anlage zu § 24a StVG ergänzt mit den im Tatbestandskatalog übernommenen Empfehlungen der Grenzwertkommission zu

254 BVerfG, Beschluss vom 21.12.2004 – 1 BvR 2652/03.

255 Grenzwertkommission, Beschluss vom 20.11.2002, siehe auch Blutalkohol Vol. 44/2007, S. 311.

256 Blutalkohol Vol. 53/2016, u. a. S. 283 und 396; siehe auch Blutalkohol Vol. 52/2015, S. 323.

unteren Nachweisgrenzen im Blut sowie die Handhabung durch die Rechtsprechung:

Berauschende Mittel	**Substanzen**	**Grenzwertkommission Blutserum[257]/Tatbestandskatalog Blut[258]**		**Rechtsprechung**
		Kommission	Tatbestandskatalog	
Cannabis	Tetrahydrocannabinol (THC)	1 ng/ml Delta-9-THC	1 ng/ml THC (0,001 mg/l)	Ebenso BVerfG[259], OLG Bamberg[260] auch darunter bei drogenbedingten Verhaltensauffälligkeiten oder Ausfallerscheinungen
Heroin	Morphin	10 ng/ml	10 ng/ml7 (0,01 mg/l)	Bestätigt OLG Köln[261], ab 2,5 ng/ml OLG Bamberg bei eingeschränkter Fahrtüchtigkeit[262]
Morphin	Morphin	10 ng/ml	10 ng/ml (0,01 mg/l)	Bestätigt OLG Köln[263], ab 2,5 ng/ml OLG Bamberg bei eingeschränkter Fahrtüchtigkeit[264]

257 Grenzwertkommission, Beschluss vom 20.11.2002, siehe auch Blutalkohol Vol. 44/2007, S. 311.

258 Bundeseinheitlicher Tatbestandskatalog, S. 358/1.

259 BVerfG, Beschluss vom 21.12.2004 – 1 BvR 2652/03.

260 OLG Bamberg, Beschluss v. 11.12.2018 – 3 Ss OWi 1526/18.

261 OLG Köln, Beschluss vom 18.8.2005 – 81 Ss-OWi 31/05.

262 OLG Bamberg, Beschluss vom 27.2.2007 – 3 Ss OWi 688/05.

263 OLG Köln, Beschluss vom 18.8.2005 – 81 Ss-OWi 31/05.

264 OLG Bamberg, Beschluss vom 27.2.2007 – 3 Ss OWi 688/05.

Berauschende Mittel	Substanzen	Grenzwertkommission Blutserum[257]/Tatbestandskatalog Blut[258]		Rechtsprechung
Cocain	Cocain	10 ng/ml	10 ng/ml (0,01 mg/l)	
		Kommission	Tatbestandskatalog	
Cocain	Benzoylecgonin	75 ng/ml	75 ng/ml (0,075 mg/l)	Bestätigt OLG Hamm[265], OLG Bamberg darunter bei eingeschränkter Fahrtüchtigkeit[266]
Amphetamin	Amphetamin	25 ng/ml	25 ng/ml (0,025 mg/l)	Bestätigt OLG München, aber weniger bei eingeschränkter Fahrtüchtigkeit[267]
Designer-Amphetamin	Methylendioxyamphetamin (MDA)	25 ng/ml	25 ng/ml (0,025 mg/l)	
Designer-Amphetamin	Methylendioxyethylamphetamin (MDE)	25 ng/ml	25 ng/ml (0,025 mg/l)	
Designer-Amphetamin	Methylendioxymetamphetamin (MDMA)	25 ng/ml	25 ng/ml (0,025 mg/l)	
Metamphetamin	Metamphetamin	25 ng/ml	25 ng/ml (0,025 mg/l)	

265 OLG Hamm, Beschluss vom 19.3.2007 – 2 Ss OWi 91/07.

266 OLG Bamberg, Beschluss vom 1.12.2006 – 2 Ss OWi 1623/05.

267 OLG München, Beschluss vom 13.3.2006 – 4 St RR 199/05.

Wichtig erscheint es hierzu anzumerken, dass die Grenzwertkommission als Medium für die Untersuchungen Blutserum nennt[268], während die Rechtsprechung zumindest teilweise von Vollblut ausgeht, was bei THC einen Unterschied von ca. Faktor zwei ausmacht, während es bei den anderen Drogen unerheblich ist.[269]

Es reicht zur Tatbestandserfüllung der einfache Nachweis eines berauschenden Mittels bzw. einer Substanz der Anlage mit der entsprechenden Konzentration im Blut aus, eine spezielle Wirksamkeit auf Körper oder Psyche muss nicht nachgewiesen werden; wie oben aufgeführt sehen Gerichte ggf. geringere Konzentrationen als tatbestandsmäßig an. Ein Nachweis in Schweiß, Speichel, Haaren oder Urin ist nicht gerichtsfest. Wird ein anderer Stoff, der nicht in der Anlage aufgeführt ist, im Blut festgestellt oder liegen eine ordnungsgemäße ärztliche Verschreibung für einen konkreten Krankheitsfall und entsprechender Gebrauch vor, kann gemäß § 24 a Abs. 2 Satz 3 StVG nicht sanktioniert werden.

Dies könnte bei codeinhaltigen Hustenmitteln der Fall sein, deren Konsum zu einem Morphinnachweis ggf. bei Vortests führen kann; nach Codeinkonsum ist jedoch nicht nur Morphin, sondern auch Codein im Blut nachweisbar.

Der Gesetzgeber hat bewusst das Medikamentenprivileg in § 24 a Abs. 2 Satz 3 StVG normiert, um die Bedürfnisse von Kranken, insbesondere die Schmerztherapie, zu berücksichtigen. An vorangehender Stelle wurden bereits die tausenden Anträge auf ärztliche Rezepte für Cannabisprodukte, die heroingestützte Substitution und die ADHS-Behandlung mit bestimmten Amphetaminprodukten erwähnt. In § 2 BtMVV sind die verschreibungsfähigen Betäubungsmittel mit den zulässigen Höchstdosierungen aufgezählt.

Möglich ist darüber hinaus eine ordnungsgemäße ärztliche Verschreibung ggf. eines hier nicht zugelassenen Arzneimittels nach

268 Blutalkohol Vol. 44/2007, S. 311.

269 Haase/Sachs, NZV 2008, S. 221.

ausländischem Recht und somit bei verschreibungskonformer Anwendung grundsätzlich legale Verkehrsteilnahme im Inland, wenn keine Beeinträchtigungen der Verkehrstauglichkeit gegeben sind.

Die Verschreibungspraxis von Betäubungsmitteln wirft zunehmend Fragen hinsichtlich der verkehrsrechtlichen Praxis auf, konkret wenn der Nachweis einer Substanz nach Anlage zu § 24a Abs. 2 StVG im Rahmen einer polizeilichen Kontrolle bei einem Kraftfahrzeugführer gegeben ist und medizinischer Gebrauch behauptet wird. In diesem Fall muss zunächst durch die Polizei bewertet werden, inwieweit tatsächlich ordnungsgemäßer Gebrauch eines ärztlich verschriebenen Medikaments oder rauschorientierter ordnungswidriger Missbrauch vorliegen könnte. Das eine soll dem Patienten ggf. zur Bewältigung des täglichen Lebens helfen, ihn vielleicht sogar verkehrstauglich machen, das andere beeinträchtigt durch Rausch eher die Alltagstauglichkeit bzw. die Verkehrstauglichkeit.

Gemäß § 9 BtMVV werden bei der Verschreibung von Betäubungsmitteln umfangreiche Angaben wie ein konkreter Einnahmeplan mit Beschreibung von Einzel- und Tagesdosis verlangt, welcher dem Betäubungsmittelrezept entweder beiliegen oder darin enthalten sein sollte. Liegt die Gebrauchsanweisung bei, ist ein Hinweis auf dem Rezept erforderlich.

Befolgt der Kraftfahrer die ärztlichen Anweisungen und beachtet die Gebrauchsanweisung des Medikaments, informiert sich über die Auswirkungen auf die Fahrtüchtigkeit und wägt hier gewissenhaft und ernsthaft ab, so wird er nicht ordnungswidrig handeln, soweit die Verschreibung medizinisch indiziert war.[270] Das gilt, obwohl beispielsweise derjenige, der medizinisch verschrie-

270 Rebler, NZV 2020, S. 407; auch VG Augsburg, Beschluss vom 23.7.2019 – Au 7 S 19.812; ähnlich VG Düsseldorf, Urteil vom 24.10.2019 – 6 K 4574/18.

benes Cannabis regelmäßig konsumiert, wesentlich höherer Blutwerte von THC erreicht als ein Gelegenheitskonsument.[271]

Eine Fahreignung wird verneint, wenn zu medizinisch verordnetem Cannabis zusätzlich illegaler Cannabiskonsum oder fahreignungsrelevanter Konsum von Alkohol betrieben wird.[272] Diese Feststellung betraf zwar im vorliegenden Fall eine Entziehung der Fahrerlaubnis durch die Straßenverkehrsbehörde, ist jedoch hier auf die Bewertung eines Verstoßes gegen § 24 a StVG und auch auf andere Betäubungsmittel sinngemäß anwendbar.

Der Patient ist nicht verpflichtet, eine Bescheinigung über die Verschreibung bzw. das Rezept mitzuführen. Es dürfte jedoch in seinem eigenen Interesse sein, die Verschreibung jederzeit nachweisen zu können. Denn wenn ein einschreitender Polizeibeamter hinreichende Verdachtsmomente für einen Verstoß feststellt, so sind Folgemaßnahmen angezeigt. Verdachtsmomente können sich durch das Fehlen des Dokuments über die Verschreibung oder Anzeichen für einen nicht verschreibungsgemäßen Gebrauch bzw. Missbrauch des Stoffes wie unter anderem Auffälligkeiten ergeben, die auf eine (bewusste oder auch fahrlässige) rauschorientierte Überdosierung schließen lassen.

Auf der anderen Seite sind Folgemaßnahmen nicht gerechtfertigt, wenn das ärztliche Dokument vorliegt und keine weiteren Verdachtsmomente erkennbar sind.

Mit dem Begriff des Führens von Kraftfahrzeugen werden alle Kraftfahrzeuge unabhängig davon erfasst, ob Führerscheinpflicht vorliegt; auch beispielsweise motorisierte Krankenfahrstühle, E-Scooter oder Segways.[273] Das trifft auch für Fahrschüler, nicht aber auf einen Begleiter im Rahmen des „begleiteten Fahrens" zu.[274] Für die Verwirklichung des Tatbestandes von § 24 a StVG ist

271 Balke/Frese/Koehl, NJ 2020, 236.

272 BayVGH, Beschluss vom 29.4.2019 – 11 B 18.2482.

273 Hentschel/König/Dauer, § 24 a StVG, Rn. 9 bis 10.

274 Ebenda.

es allerdings unerheblich, ob die Motorkraft zur Fortbewegung eingesetzt wurde oder das beabsichtigt war.[275] Es reicht also das Rollenlassen des Kraftfahrzeugs aus. Das Führen eines Kfz im Sinne von § 24 a StVG wird beim Bewegen des Fahrzeugs mit fremder Hilfe verneint, ebenso beim Abschleppen, es sei denn, es geschieht als Anschleppen der Inbetriebnahme der Motorkraft.[276]

Nach § 1 Abs. 3 StVG sind die dort beschriebenen Fahrzeuge wie Pedelecs keine Kfz, für die der § 24 a StVG gilt.

Die Auslandstat wird im Inland gem. § 5 OWiG nicht verfolgt, ebenso ist die Tat nicht mehr verfolgbar, wenn der Betroffene bereits in einem EU-Mitgliedstaat deswegen bestraft wurde, beispielsweise bei einer grenzüberschreitenden Fahrt. Die Verfolgung vorsätzlicher Taten verjährt nach zwei Jahren gem. § 31 Abs. 2 Nr. 2 OWiG, bei Fahrlässigkeit bereits nach einem Jahr gem. § 31 Abs. 2 Nr. 3 OWiG. Die fahrlässige Tatbestandsverwirklichung, also eine Pflichtverletzung des Täters hinsichtlich seiner Fahrtauglichkeit, wird bejaht, wenn ein Kraftfahrzeugführer am Vortag wissentlich Drogen konsumiert hat und nicht sicher sein kann, dass er zum Zeitpunkt der Verkehrsteilnahme den analytischen Grenzwert unterschritten hat[277]; es gibt zur Annahme der Fahrlässigkeit kontroverse Meinungen.[278] Der BGH sieht ebenfalls eine Sorgfaltspflichtverletzung beim Kraftfahrzeugführer, wenn dieser den analytischen Grenzwert von THC im Blut erreicht, der Konsum jedoch nicht im zeitlichen Zusammenhang mit der Fahrt stand und es sonst keine Ausschlussgründe für die Annahme der Fahrlässigkeit gibt.[279]

---

275 Berz/Burmann, Handbuch des Straßenverkehrsrechts, § 24 a StVG, Rn. 13 ff.

276 Ebenda, Rn. 15 ff.

277 OLG Celle, Beschluss vom 30.4.2015 – 321 SsBs 42/15.

278 OLG Hamm, Urteil vom 15.6.2012 – III-2 RBs 50/12.

279 BGH, Beschluss vom 14.2.2017 – 4 StR 422/15.

c) § 316 StGB

Schaubild § 316 StGB

Führen eines Fahrzeugs (nicht nur Kfz)

|

Verkehr
(Straßenverkehr meint den öffentlichen; ansonsten auch Schiffs-, Eisenbahn-, Luftverkehr)

|

Wirkung von Alkohol oder anderen berauschenden Mitteln

|

dadurch

|

Fahrunsicherheit
(bei berauschenden Mitteln derzeit nur relative, bei Alkohol auch absolute)

Gem. Abs. 2 auch Fahrlässigkeit strafbar

Die Tat ist ein abstraktes Gefährdungsdelikt. Schutzzweck des § 316 StGB ist die Sicherheit des Verkehrs. Im Gegensatz zu § 24 a StVG wird hier nicht nur das Führen eines Kfz unter Einfluss berauschender Mittel sanktioniert, sondern es wird der gesamte Fahrzeugverkehr durch § 316 StGB (auch Schiffs-, Eisenbahn-, Luftverkehr) erfasst; im Falle des Straßenverkehrs ist nur der öffentliche Verkehr gemeint.[280] Unterschieden wird in Bezug auf Alkohol zwischen der absoluten und der relativen Fahrunsicherheit. Da für andere berauschende Mittel kein Grenzwert im Sinne einer absoluten Fahrunsicherheit existiert[281], verbleibt – unbeachtlich eines Verstoßes nach § 24 a StVG – hier nur die Beurteilung, ob eine Person, die berauschende Mittel konsumiert hat, relativ fahrunsicher im Sinne von § 316 StGB ist und ein Kausalzusammenhang zwischen Konsum und Fahrunsicherheit besteht.

280 Gesamter Passus Hentschel/König/Dauer, § 316 StGB, Rn. 2.

281 LG Berlin, Urteil vom 10.4.2012 – (524) 11 Ju Js 1853/10 (36/11).

Da die relative Fahruntüchtigkeit maßgeblich ist, ist allein für die Tatbestandserfüllung im Zusammenhang mit berauschenden Mitteln zunächst weniger bedeutend, ob ein Kraftfahrzeug mit oder ohne Motorkraft bewegt wurde, wohl aber später für die weiteren Umstände einer Strafzumessung.

In einigen Forschungsvorhaben wurden Stoffkonzentrationen von Betäubungsmitteln in Bezug auf die Fahrtauglichkeit untersucht. So sollen nach einer Meinung Morphinkonzentrationen von mindestens 10 ng/ml Blutserum[282] oder ein festgestellter sogenannter CIF (Cannabis Influence Factor [Berechnung aus den Konzentrationen von THC, 11-OH-THC, THC-COOH]) von 10 eine absolute Fahrunsicherheit gem. § 316 StGB begründen.[283] Der CIF wurde zwar als unerheblich in Bezug auf die Feststellung der Fahrungeeignetheit nach der FeV bewertet.[284] Das AG Moers urteilte aber, Kraftfahrer mit einem THC-Wert über 30 ng/ml Blut und einem CIF höher als 10 seien als absolut fahrunsicher anzusehen.[285] Ferner urteilte das AG Berlin-Tiergarten, eine absolute Fahruntüchtigkeit läge bei einem vielfachen Überschreiten des von der Grenzwertkommission vorgeschlagenen analytischen Grenzwerts vor; hier die Überschreitung des Grenzwerts von Benzoylecgonin um mehr als das 4,6-Fache.[286] Die Urteile haben keine Bindungswirkung für andere Gerichte! Siehe hierzu das bereits o. g. Urteil des LG Berlin, welches gerade bei Cocainkonsum einen Grenzwert für absolute Fahruntüchtigkeit nicht festgestellt sieht, sowie den Beschluss des OLG Saarland, welches weitere Beweiszeichen für die Fahruntüchtigkeit auch bei hohen Wirkstoffkonzentrationen verlangt.[287]

---

282 Daldrup, Drogen im Straßenverkehr, S. 76.

283 Daldrup, Cannabis im Straßenverkehr, S. 64.

284 VGH Baden-Württemberg, Beschluss vom 15.11.2005 – 10 S 2143/05.

285 AG Moers, Urteil vom 10.7.2003 – 606 OWi 804 JS 270/03 (220/03).

286 AG Berlin-Tiergarten, Urteil vom 10.2.2010 – (310 Cs) 3033 PLs 10607/09.

287 LG Berlin, Urteil vom 10.4.2012 – (524) 11 Ju Js 1853/10 (36/11); OLG Saarland, Beschluss vom 28.10.2010 – Ss 104/10 (141/10).

Eine Versuchsreihe mit tatsächlich unter dem Einfluss von Cannabis stehenden Menschen auf dem Fahrrad erbrachte das Ergebnis, dass die Drogenwirkung sehr individuell ist und somit ein genereller absoluter Wert für eine Fahruntüchtigkeit nicht wissenschaftlich begründet werden kann.[288]

Andererseits existiert aktuell keine Untergrenze, die eine relative Fahrunsicherheit ausschließen würde.[289]

„**Andere berauschende Mittel** sind solche, die in ihren Auswirkungen denen des Alkohols vergleichbar sind und zu einer Beeinträchtigung des Hemmungsvermögens sowie der intellektuellen und motorischen Fähigkeiten führen."[290] „Dazu zählen insbesondere die ebenso wie Alkohol auf das zentrale Nervensystem einwirkenden, in § 1 BtMG aufgezählten Stoffe, mithin auch Cannabis."[291] Auch Medikamente können darunter fallen, was ggf., insbesondere bei ordnungsgemäßer Einnahme, einer fachlichen Bewertung bedarf.[292]

„Eine **Fahrunsicherheit im Sinne von § 316 StGB** ist gegeben, wenn die Gesamtleistungsfähigkeit eines Kraftfahrers, namentlich infolge Enthemmung sowie geistig-seelischer und körperlicher Leistungsausfälle, so weit herabgesetzt ist, dass er nicht mehr fähig ist, sein Fahrzeug im Straßenverkehr eine längere Strecke, und zwar auch bei plötzlichem Auftreten schwieriger Verkehrslagen, sicher zu steuern."[293] Eine Ausweitung der Definition auf Radfahrer und andere Fahrzeugführer ist entsprechend zulässig.

Relative Fahrunsicherheit „liegt nach dem Konsum von Betäubungsmitteln erst vor, wenn Umstände erkennbar sind, die über

---

288 Maatz/Daldrup/Mindiashvili/Ritz-Timme/Hartung, NZV 2016, S. 460 ff.

289 Hentschel/König/Dauer, § 316 StGB, Rn. 66.

290 BGH, Urteil vom 30.9.1976 – 4 StR 198/76.

291 Vergleiche ebenda und siehe KG Berlin, Beschluss vom 20.2.2002 – (3) 1 Ss 32/02 (20/02).

292 Krumm, NZV 2014, S. 441 ff.

293 BGH, Urteil vom 20.3.1959 – 4 StR 306/58.

die allgemeine Drogenwirkung hinaus den sicheren Schluss zulassen, dass der Konsument in der konkreten Verkehrssituation fahrunsicher gewesen ist. Die verkehrsspezifischen Untauglichkeitsindizien müssen also nicht lediglich eine allgemeine Drogenenthemmung erkennen lassen, sondern sich unmittelbar auf die Beeinträchtigung der Fahreignung beziehen. Insbesondere kommen deshalb als Ausfallerscheinungen direkte Defizite im Fahrverhalten selbst in Betracht, z. B. eine auffällige, riskante, besonders sorglose und leichtsinnige Fahrweise."[294]

Der BGH lässt eine Regelwidrigkeit hierfür nur gelten, wenn nach allgemeiner Lebenserfahrung anzunehmen ist, der Fahrfehler wäre in nüchternem Zustand nicht passiert.[295]

Es müssen aber nicht unbedingt Fahrfehler festgestellt werden, um auf eine rauschbedingte relative Fahrunsicherheit zumindest in Bezug auf BtM schließen zu können. Stellen der einschreitende Polizeibeamte und ggf. später der untersuchende Arzt, ohne vorherige Beobachtung von Fahrfehlern, bei einem Fahrer Konzentrationsschwierigkeiten, verzögerte Reaktionen auf Fragen und stumpf wirkendes Verhalten, verwaschene Aussprache und erweiterte Pupillen mit träger oder fehlender Lichtreaktion fest, begründet dies eine relative Fahrunsicherheit im Sinne von § 316 StGB.[296] Die aufgezählten Merkmale wurden bei einem Beschuldigten festgestellt, der sein Kfz unter dem Einfluss von Cannabis führte, und von einem Gutachter als typische Begleiterscheinungen des THC-Rausches gewertet. Eine durch Pupillenveränderung ausgelöste Sehbehinderung alleine wird nicht als ausreichend betrachtet;[297] siehe hierzu auch weiter unten Anmerkungen zu OLG Zweibrücken. Ebenfalls Beweiszeichen für relative Fahrunsicherheit können kritikloses Verhalten, Enthemmung sowie mangelhaf-

294 OLG Zweibrücken, Beschluss vom 27.1.2004 – 1 Ss 242/03.

295 BGHSt 31, S. 41 ff.

296 LG Coburg, Beschluss vom 1.8.2001 – Gs 188/01, und KG Berlin, Beschluss vom 20.2.2002 – (3) 1 Ss 32/02.

297 OLG Frankfurt, NStZ-RR 2002, S. 17.

te Beherrschung des Körpers, manifestiert beispielsweise durch stolperndes und schwankendes Gehen, sein.[298] Es ist möglich, eine relative Fahrunsicherheit bei hoher Wirkstoffkonzentration in Zusammenhang mit nur einem weiteren Beweiszeichen anzunehmen. An die Zuverlässigkeit in Bezug auf die Feststellung dieses Beweiszeichens sind hohe Ansprüche zu stellen. Explizit hat das OLG Zweibrücken bei einem THC-Nachweis von 13,3 ng/ml Blut als Ausfallerscheinung eine stark verzögerte Pupillenreaktion mit Reboundeffekt genügen lassen, die als drogenbedingte Sehbehinderung gewertet wurde.[299] In einem anderen Fall waren bei erheblicher Überschreitung des Grenzwertes für THC (24 ng/ml Blut) Schwanken, Gehschwierigkeiten und fehlende Pupillenadaption festgestellt worden, wobei das OLG Zweibrücken den Tatbestand des § 316 StGB erfüllt sah, ohne dass weitere Untersuchungen zu Sehbeeinträchtigungen für erforderlich erachtet wurden.[300]

Die Tat ist auch bei Fahrlässigkeit gem. Abs. 2 strafbar.

Teilnahme Dritter, also Anstiftung oder Beihilfe, ist nur als vorsätzliche Teilnahme am vorsätzlichen Delikt strafbar; bedingter Vorsatz reicht aus. Überlässt der Halter fahrlässig sein Kfz dem verkehrsunsicheren Fahrer, kann er ordnungswidrig gem. § 31 StVZO (Verantwortung für den Betrieb der Fahrzeuge) i. V. m. § 24 StVG handeln. Mittelbare Täterschaft ist nicht möglich.[301]

298 KG Berlin, Beschluss vom 20.2.2002 – (3) 1 Ss 32/02.

299 OLG Zweibrücken, Beschluss vom 10.5.2004 – 1 Ss 26/04.

300 OLG Zweibrücken, Beschluss vom 4.3.2015 – Ss 7/15.

301 Passus nach Hentschel/König/Dauer, § 316 StGB, Rn. 96 bis 97.

d) § 315 c StGB

Schaubild § 315 c Abs. 1 Nr. 1 StGB

Führen eines Fahrzeugs (nicht nur Kfz)
|
Öffentlicher Straßenverkehr
|
Wirkung von Alkohol oder anderen berauschenden Mitteln oder körperliche oder geistige Mängel
|
dadurch
|
Fahrunsicherheit
|
dadurch
|
Gefährdung von

/ Leib oder Leben eines anderen

\ fremden Sachen von bedeutendem Wert

(Gefährdung geht aus öffentlichem Straßenverkehr hervor, kann aber sowohl darin als auch außerhalb wirken)

Gem. Abs. 2 auch Versuch strafbar
Gem. Abs. 3 Fahrlässigkeit strafbar

An dieser Stelle zu erläutern ist der Tatbestand aus Abs. 1 Nr. 1, welcher ein konkretes Gefährdungsdelikt darstellt und wie der Tatbestand des § 316 StGB von einem Fahrzeugführer, u. a. Radfahrer etc., begehbar ist.[302] Der öffentliche Verkehrsraum ist Ausgangspunkt der Tat, jedoch können die Gefahren und Schädigungen ebenso außerhalb, beispielsweise beim Nicht-Verkehrsteilnehmer, eintreten.[303]

Der Zustand der Fahrunsicherheit entspricht derselben Auslegung wie zu § 316 StGB. Die Fahrunsicherheit muss gem. § 315 c Abs. 1 Nr. 1 Buchstabe a) StGB, wie auch bei diesem, auf den Ge-

---

302 Fischer, § 315 c StGB, Rn. 2; siehe auch § 315 b, Rn. 6.

303 Ebenda; siehe auch § 315 b StGB, Rn. 3.

nuss von Alkohol oder berauschender Mittel, wie BtM, zurückführbar sein. Darüber hinaus ist gemäß Buchstabe b) ebenfalls Fahrunsicherheit relevant, wenn sie aus körperlichen oder geistigen Mängeln resultiert, wozu beispielsweise Anfallsleiden[304], körperliche Einschränkungen, Übermüdung oder Sehbehinderungen gehören. Hinzu muss eine konkrete Gefährdung für Leib und Leben, wobei eine Gefahr lediglich geringfügiger Beeinträchtigungen nicht ausreicht[305], eines anderen oder fremder Sachen von bedeutendem Wert als Folge der Fahrunsicherheit treten. Fremd ist eine Sache, die nicht im Alleineigentum des Täters steht oder herrenlos ist. Der Eintritt eines Schadens muss hinreichend wahrscheinlich sein. Ein entsprechender Schaden muss nicht zwingend eingetreten sein, sodass auch bei nicht erfolgter oder nur leichter Schädigung der Tatbestand erfüllt werden kann, sofern denn eine konkrete Gefährdung höherer Werte vorlag. Die Wertgrenze für den bedeutenden Wert wird zurzeit etwa bei 750,– bis 1300,– Euro angenommen; in der Literatur finden sich abweichende Wertgrenzen.[306] Der Tatbestand ist nicht erfüllt, wenn nur der Täter selbst oder das von ihm geführte Fahrzeug gefährdet wird; auch wenn das benutzte Fahrzeug dem Täter nicht gehört.[307] Der Tatbestand wird auch erfüllt, wenn ein Beifahrer einwilligt, mit dem Fahrunsicheren mitzufahren;[308] anders beim Tatbeteiligten.[309]

Die Tat ist ein eigenhändiges Delikt und kann nur von einem Fahrzeugführer, das können auch mehrere sein, begangen werden. Beihilfe und Anstiftung sind möglich.[310]

304 Ebenda, Rn. 4 a.

305 Hentschel/König/Dauer, § 315 c StGB, Rn. 33.

306 Ebenda, § 315 c StGB, Rn. 38.

307 BGHSt 27, S. 40.

308 BGH, NJW 1970, S. 1380.

309 Hentschel/König/Dauer, § 315 c StGB, Rn. 33.

310 Ebenda, Rn. 54.

4. Maßnahmen

a) Allgemeines

§ 163 Abs. 1 StPO weist einerseits der Polizei die Aufgabe zu, Straftaten zu erforschen und alle unaufschiebbaren Maßnahmen zur Verhütung der Verdunkelung der Angelegenheit zu treffen, andererseits erlaubt die Vorschrift, einzelne Maßnahmen wie Einholung von Auskünften bei anderen Behörden, bei Gefahr im Verzuge sogar das Verlangen von Auskunft und darüber hinaus nicht anderweitig geregelte Ermittlungen vorzunehmen.

Gem. § 46 Abs. 1 OWiG sind bei der Ordnungswidrigkeitenverfolgung grundsätzlich unter anderem die Maßnahmen der StPO sinngemäß anzuwenden. Ausnahmen hiervon können sich aus dem OWiG selbst (z. B. Verbot von Untersuchungen zum Zwecke von § 81 e StPO, siehe § 46 Abs. 4 OWiG, und Maßnahmen gem. § 46 Abs. 3 OWiG wie Postbeschlagnahme), dem Sinn einer Eingriffsmaßnahme, der nicht mit der Ordnungswidrigkeitenverfolgung im Einklang steht (z. B. Untersuchungshaft), oder der Rechtsprechung sowie Verhältnismäßigkeit (z. B. Verbot der Wohnungsdurchsuchung zum Zwecke der Sicherstellung nach Geschwindigkeitsübertretung[311]) ergeben. Blutproben und geringfügige körperliche Untersuchungen nach § 81 a StPO sind unter der Maßgabe des § 46 Abs. 4 OWiG explizit erlaubt. Insbesondere wenn der durch Tatsachen begründete Verdacht einer Ordnungswidrigkeit nach den §§ 24 a und 24 c StVG besteht, kann eine Blutprobe ohne richterliche Anordnung durch die zuständigen Beamten bestimmt werden. (Siehe auch weiter unten)

Die Aufgaben der Polizei bei der Verfolgung von Ordnungswidrigkeiten, namentlich die pflichtgemäße Erforschung und das Treffen aller unaufschiebbaren Anordnungen zur Verhinderung der Verdunkelung der Sache, ergeben sich aus § 53 Abs. 1 OWiG. Sie hat demnach grundsätzlich dieselben Rechte und Pflichten wie bei

311 LG Zweibrücken, Beschluss vom 22.12.1998 – 1 Qs 1168/98.

der Verfolgung von Straftaten. Abs. 2 regelt ausdrücklich die Befugnis von Ermittlungspersonen der Staatsanwaltschaft zur vorschriftsmäßigen Anordnung von Beschlagnahmen, Durchsuchungen, Untersuchungen und sonstigen Maßnahmen.

Für viele Maßnahmen, insbesondere für die strafprozessuale Durchsuchung, Blutprobe und Führerscheinbeschlagnahme, gilt grundsätzlich der Richtervorbehalt. Nur bei Gefahr im Verzuge dürfen die Staatsanwaltschaft und die Ermittlungspersonen der Staatsanwaltschaft (§ 152 GVG) die Anordnung der jeweiligen Maßnahme treffen. Dies muss dokumentiert und begründet sein.[312] Gegebenenfalls können ein Beweisverwertungsverbot oder die Nichtstrafbarkeit einer Widerstandshandlung gegen die Maßnahme daraus resultieren. Allerdings gilt gemäß § 81 a Abs. 2 StPO bzw. § 46 Abs. 4 OWiG seit 2017 für die Entnahmen von Blutproben kein Richtervorbehalt mehr, wenn es sich um den begründeten Verdacht von Straftaten nach § 315 a Abs. 1 Nr. 1, Abs. 2 und 3, § 315 c Abs. 1 Nr. 1 Buchstabe a), Abs. 2 und 3 oder § 316 StGB bzw. Ordnungswidrigkeiten nach § 24 a oder § 24 c StVG handelt.[313]

Der Betroffene einer Maßnahme kann die Maßnahmen freiwillig unter Verzicht auf den ihm zustehenden Grundrechtsschutz erlauben. Voraussetzung ist, dass sein Zustand die freie Entscheidung hierüber zulässt und er über die Tragweite seiner Entscheidung informiert ist. Das erscheint bei alkohol- , drogen- oder medikamentenbeeinflussten Personen unter Umständen fraglich. Die Freiwilligkeit wäre zu dokumentieren. Die Erlaubnis kann jederzeit vor oder während der Maßnahme widerrufen werden, sodass die Rechtmäßigkeitsprüfung vor Beginn bzw. Fortsetzung der Maßnahme bzw. der Anordnung erneut erfolgen muss.

---

312 BVerfG, Beschluss vom 12.2.2007 – 2 BvR 273/06; hier Rechtsschutz bei Blutprobe gem. § 81 a StPO.

313 BGBl. I, vom 23.8.2017, S. 3203 ff.

b) Durchsuchung

Bei Verdacht eines Verstoßes gegen § 24a StVG, § 316 StGB oder § 315c StGB liegt es ggf. nahe, eine weitere Straftat nach dem BtMG, dem AMG oder dem NpSG zu vermuten. Darüber hinaus kann es sinnvoll sein, weitere Beweise für das Verkehrsdelikt, um u. a. Feststellungen über die konsumierte Substanz oder die Art der Tatbeteiligung zu treffen, oder Einziehungsgegenstände aufzufinden. Eine Durchsuchung des Verdächtigen einer konkreten Straftat und der mitgeführten Sachen, somit auch seines Fahrzeugs, wäre dann unter den Voraussetzungen des § 102 StPO möglich. Bei anderen Personen dürfen Durchsuchungsmaßnahmen gem. § 103 StPO nur dann durchgeführt werden, wenn Tatsachen vorliegen, dass die gesuchte Person, Sache oder Spur sich im Durchsuchungsobjekt befindet. Zur Gefahrenabwehr sind Durchsuchungen ebenfalls nach den einschlägigen Bestimmungen der Polizeigesetze denkbar, beispielsweise um einen Autoschlüssel zur Verhinderung der Weiterfahrt aufzufinden.

Die Formvorschriften wie unter anderem Nennung des Grundes, die Durchführung der körperlichen Durchsuchung durch Personen gleichen Geschlechts, Anwesenheitsrecht des Inhabers und Hinzuziehen von Zeugen und Gemeindebeamten bei Wohnungsdurchsuchungen, Aushändigung einer Bescheinigung über die Maßnahme sowie ggf. Richtervorbehalt, Nachtzeitschranke, die Einschränkungen der Durchsicht von Papieren und die Behandlung von Zufallsfunden sind zu beachten.

c) Blutprobe, Untersuchung

Beweiserheblich für Fahrten unter Drogeneinfluss ist das Ergebnis einer Blutuntersuchung. Die Entnahme der Blutprobe und die ärztliche Untersuchung beim Beschuldigten richten sich nach § 81a StPO. Es ist zu unterscheiden zwischen einfachen körperlichen Untersuchungen, mit denen die Beschaffenheit des Körpers oder einzelner Körperteile oder der psychische Zustand ohne

Anwendung körperlicher Eingriffe bewertet werden soll[314], und körperlichen Eingriffen, bei denen es zu Verletzungen der Körpersubstanz kommt.[315]

Blutprobenentnahmen sind auch bei Zwangsanwendung ungefährliche körperliche Eingriffe.[316]

Beschuldigter im Sinne des § 81a StPO ist auch der Angeschuldigte, Angeklagte und unter bestimmten Umständen ein Verurteilter (Prognoseentscheidung). Der Begriff bedeutet zwar nicht, dass bereits ein Ermittlungsverfahren eingeleitet ist. Bei Vorliegen von Anhaltspunkten für eine Straftat kann dies jedoch mit der Maßnahme geschehen.[317]

Da sich der Untersuchungszweck auf die Feststellung von Tatsachen, die für das Verfahren relevant sind, bezieht, müssen eben entsprechende Anhaltspunkte für eine konkrete Tat vorhanden sein.[318]

Das Überprüfen der Pupillenreaktion, ggf. Testverfahren wie oben beschrieben oder Vortests mit einer Speichel-, Urin- oder Schweißprobe zur ersten Einschätzung vor Ort richten sich ebenfalls nach § 81a StPO. Sie bedürfen der freiwilligen Mitwirkung. Verwaltungszwang wäre hierbei unverhältnismäßig, da eine Verweigerung ggf. in die Blutprobe mündet, die zwangsweise durchgeführt werden kann.

Körperliche Eingriffe dürfen nur von approbierten Ärzten der Humanmedizin durchgeführt werden und nur dann, wenn Nachteile für die Gesundheit des Probanden mit an Sicherheit grenzender Wahrscheinlichkeit ausgeschlossen sind. Examinierte Krankenpfleger und Krankenschwestern sind nur mit Einwilligung des Beschuldigten oder unter Anleitung, Aufsicht und Verantwortung

314 Meyer-Goßner, § 81a StPO, Rn. 9.

315 Ebenda, § 81a StPO, Rn. 15.

316 LG Köln, NStZ 1986, S. 234.

317 Meyer-Goßner, § 81a StPO, Rn. 2.

318 Ebenda, Rn. 6.

eines solchen Arztes dazu berechtigt. Zahnärzte oder Tierärzte dürfen diese Eingriffe nicht durchführen.[319]

Die Verhältnismäßigkeit ist besonders zu beachten.

Gem. § 81a Abs. 2 StPO obliegt die Anordnungsbefugnis grundsätzlich dem Richter. Bei Gefahr im Verzuge obliegt sie auch der Staatsanwaltschaft und deren Ermittlungspersonen. Sie besteht, wenn bei Einholung der richterlichen Anordnung das Ergebnis der Untersuchung gefährdet würde. Allerdings gilt gemäß § 81 a Abs. 2 StPO bzw. § 46 Abs. 4 OWiG seit 2017 für die Entnahmen von Blutproben kein Richtervorbehalt mehr, wenn es sich um den begründeten Verdacht von Straftaten nach § 315 a Abs. 1 Nr. 1, Abs. 2 und 3, § 315 c Abs. 1 Nr. 1 Buchstabe a), Abs. 2 und 3 oder § 316 StGB bzw. Ordnungswidrigkeiten nach § 24 a oder § 24 c StVG handelt.[320]

Dem Beschuldigten ist der Grund der Maßnahme vor Durchführung bekannt zu geben.

Das Untersuchungsmaterial darf nur für die anlassbezogene Tat oder ein anderes anhängiges Strafverfahren genutzt werden. Ist es nicht mehr erforderlich, ist es unverzüglich zu vernichten (§ 81a Abs. 3 StPO).

d) Benachrichtigung anderer Stellen und deren Maßnahmen

Stellt ein Polizeibeamter fest, dass eine Person im Besitz einer gültigen Fahrerlaubnis ist, jedoch offenbar Betäubungsmittel oder andere psychoaktive Substanzen, die die Verkehrstauglichkeit nachhaltig beeinträchtigen können, konsumiert, muss ein Vermerk hierüber angefertigt und an die Fahrerlaubnisbehörde übermittelt werden, da durch die Feststellung Zweifel an der Eignung als Kfz-Führer entstanden sind. § 2 Abs. 12 StVG ist die Rechtsgrundlage und verlangt die Benachrichtigung der Fahrerlaubnis-

319 Ebenda, Rn. 19.

320 BGBl. I vom 23.8.2017, S. 3203 ff.

behörde auch in anderen Fällen wie etwa aggressivem Verhalten mit Bezug zur Teilnahme am Straßenverkehr.

Die Fahrerlaubnis ist von der zuständigen Behörde bei Ungeeignetheit oder Nichtbefähigung des Fahrerlaubnisinhabers zu entziehen; § 3 Abs. 1 Satz 1 StVG i. V. m. § 46 Abs. 1 Satz 1 und Abs. 5 (ausländische Fahrerlaubnis) FeV. Mit der Entziehung erlischt gem. § 46 Abs. 6 die Fahrerlaubnis bzw. die Berechtigung zum Führen im Inland mit ausländischen Fahrerlaubnissen. In § 46 Abs. 1 Satz 2 wird darauf hingewiesen, dass dies gerade gilt, „wenn Erkrankungen oder Mängel nach den Anlagen 4, 5 oder 6 vorliegen oder erheblich oder wiederholt gegen verkehrsrechtliche Vorschriften oder Strafgesetze verstoßen wurde und dadurch die Eignung zum Führen von Kraftfahrzeugen ausgeschlossen ist“.

(Anlage 4 „Eignung und bedingte Eignung zum Führen von Kraftfahrzeugen“, Anlage 5 „Eignungsuntersuchungen für Bewerber“, Anlage 6 „Anforderungen an das Sehvermögen“)

Der Fahrerlaubnisinhaber muss nicht unbedingt beim Fahren mit Betäubungsmitteln aufgefallen sein.

§ 14 FeV regelt die Klärung von Eignungszweifeln im Hinblick auf BtM und Arzneimittel durch ärztliche Gutachten (z. B. Drogenscreening) in Abs. 1 bei tatsachengestützter Annahme von Abhängigkeit, Einnahme von BtM oder missbräuchlicher Einnahme von psychoaktiven Arzneimitteln oder anderen psychoaktiven Stoffen. Weiterhin können das ärztliche Gutachten hiernach bei widerrechtlichem Besitz, aktuell oder vergangen, sowie ein medizinisch-psychologisches Gutachten bei tatsachengestützten Zweifeln an der Fahreignung im Zusammenhang mit gelegentlichem Cannabiskonsum angeordnet werden. Ein medizinisch-psychologisches Gutachten gemäß Abs. 2 wird ansonsten nach gerichtlicher oder fahrerlaubnisbehördlicher Fahrerlaubnisentziehung aus in Abs. 1 genannten Gründen, zur Klärung einer Abhängigkeit oder fortgesetzten Einnahme entsprechender Stoffe oder wiederholter Verstöße nach § 24 a StVG angeordnet.

Eine Klärung von Eignungszweifeln kommt somit in der Praxis beispielsweise in Betracht, wenn ein Fahrerlaubnisinhaber ohne direkten Fahrbezug mit Betäubungsmitteln angetroffen wurde oder nach Drogensucht zur Wiedererlangung der Fahrerlaubnis ein Abstinenznachweis erbracht werden muss. Bringt der Betroffene der Maßnahme ein entsprechendes Gutachten (beispielsweise ein Drogenscreening) nicht oder nicht rechtzeitig bei bzw. verweigert er die Untersuchung, darf die Fahrerlaubnisbehörde gem. § 11 Abs. 8 FeV auf die Nichtgeeignetheit schließen.

Nach Auffassung des Bundesverfassungsgerichts wurde ein Bezug zum Straßenverkehr bejaht und einem Fahrerlaubnisinhaber zu Recht die Fahrerlaubnis durch die zuständige Behörde entzogen, nachdem bei einer Fahrzeugkontrolle eine kleine Menge Cannabis und Reste eines Haschisch- oder Marihuana-Joints im Aschenbecher des von ihm geführten Fahrzeugs aufgefunden wurden, dieser sich jedoch später der Fahrerlaubnisbehörde gegenüber weigerte, einen von dieser verlangten Drogentest durchzuführen.[321] In einem anderen Fall wurden bei einem Fahrzeugführer während einer Pkw-Kontrolle 5 g Haschisch im Fahrzeug aufgefunden, weiter wurden keine Feststellungen getroffen. Ein durch die Fahrerlaubnisbehörde verlangtes Drogenscreening wurde verweigert. Hier sah das Bundesverfassungsgericht die durch die Fahrerlaubnisbehörde daraufhin angeordnete Entziehung der Fahrerlaubnis als nicht verfassungsgemäß an, da der Bezug vom Verdacht des Cannabismissbrauchs zum Straßenverkehr nicht gegeben gewesen sei, denn es wurde lediglich, ohne Hinweis auf Konsum, transportiert.[322]

Für das Verwaltungsverfahren kann die bereits für das Ordnungswidrigkeiten- oder Strafverfahren entnommene Blutprobe verwertet werden. Eine aufschiebende Wirkung eines Widerspruchs

321 BVerfG, Beschluss vom 8.7.2002 – 1 BvR 2428/95.

322 BVerfG, Beschluss vom 12.7.2002 – 1 BvR 2062/96.

kommt wegen der übergeordneten Bedeutung der Gefahrenabwehr im Straßenverkehr nicht in Betracht.[323]

Die konkrete Bewertung der Fahreignung wird nach den Begutachtungsleitlinien der Bundesanstalt für Straßenwesen durchgeführt, die entsprechende Mängel darstellen und dadurch die Begutachtung erleichtern sollen.[324]

Die Anlage 4 zur FeV beschreibt die Bedingungen hinsichtlich der Fahreignung im Zusammenhang mit Betäubungsmitteln und Medikamenten wie folgt (teilweise zitiert):

9.1 schließt die Eignung bei Betäubungsmittelkonsum (gesonderte Betrachtung Cannabis, siehe hierzu nächste Nummern) aus.

Der Konsum ärztlich verschriebener Betäubungsmittel fällt nicht hierunter, sondern unter die Nummern 9.4 und 9.6.[325]

Es reicht der einmalige Nachweis einer „harten Droge“ im Blut und sogar die angeblich nur provozierend gemeinte Behauptung des Konsums „harter Drogen“, wenn die Möglichkeit der Widerlegung nicht zeitnah genutzt wird, um ggf. ohne MPU die Fahrerlaubnis zu entziehen.[326] Die Entziehung der Fahrerlaubnis durch die Fahrerlaubnisbehörde ist also unabhängig von Konsumhäufigkeit, Höhe der Konzentration im Blut, der Verkehrsteilnahme und Ausfallerscheinungen im Zusammenhang mit „harten Drogen“ rechtens.[327]

9.2.1 schließt die Eignung bei regelmäßigem Cannabiskonsum aus.

Eine Fahrerlaubnisentziehung ist bei täglichem oder nahezu täglichem Cannabisgenuss gerechtfertigt.[328]

---

323 Vergleiche VG Düsseldorf, Beschluss vom 27.10.2016 – 14 L 3397/16.

324 BASt, Begutachtungsleitlinien zur Kraftfahreignung, Stand 31.12.2019.

325 VG Meiningen, Beschluss vom 7.5.2012 – 2 E 180/12 Me.

326 Koehl, NJ 2020, S. 558.

327 VGH München, Beschluss vom 17.5.2019 – 11 CS 19.308.

328 BVerwG, Urteil vom 26.2.2009 – 3 C 1.08.

9.2.2 schließt eine Eignung bei gelegentlicher Cannabiseinnahme nicht aus, wenn die Trennung von Konsum und Fahren und kein zusätzlicher Gebrauch von Alkohol oder anderen psychoaktiv wirkenden Stoffen, keine Störung der Persönlichkeit, kein Kontrollverlust gegeben sind.

Gelegentlicher Konsum kann bei zwei eigenständigen Handlungen in gewissem zeitlichem Zusammenhang angenommen werden.[329] Nach erstmaliger ordnungswidriger Drogenfahrt bei angenommenem gelegentlichem Konsum muss allerdings zur Bewertung einer Ungeeignetheit nach pflichtgemäßer Entscheidung der Fahrerlaubnisbehörde ein medizinisch-psychologisches Gutachten vorgeschaltet sein.[330] Ein medizinisch-psychologisches Gutachten kann die Fahrerlaubnisbehörde generell verlangen, wenn berechtigte Zweifel an der Fahreignung bei gelegentlichem Cannabiskonsum bestehen.[331] Die Trennung von Fahren und Konsum kann verneint werden, wenn die Möglichkeit der Beeinträchtigung der Fahrsicherheit besteht, wovon auch schon bei Konzentrationen von THC im Blutserum von mindestens 1 ng/ml Blutserum ausgegangen werden kann.[332]

9.3 schließt die Eignung bei Abhängigkeit von Betäubungsmitteln nach dem BtMG oder von anderen psychoaktiven Stoffen aus.

9.4 schließt die Eignung bei missbräuchlicher Einnahme (regelmäßig übermäßiger Gebrauch) von psychoaktiv wirkenden Arzneimitteln und anderen psychoaktiv wirkenden Stoffen aus.

Missbrauch ist anzunehmen, wenn das verordnete Arzneimittel „übertherapeutisch“ eingenommen wird.[333] Die Fahreignung besteht nicht mehr, wenn die Einnahme von medizinischem Cannabis nicht gemäß ärztlicher Verordnung geschieht, beispielsweise

329 BVerwG, Urteil vom 23.10.2014 – 3 C 3.13.

330 BVerwG, Urteil vom 11.4.2019 – 3 C 8.18.

331 VG Augsburg, Beschluss vom 23.7.2019 – Au 7 S 19.812.

332 BVerwG, Urteil vom 11.4.2019 – 3 C 8.18.

333 VG Meiningen, Beschluss vom 7.5.2012 – 2 E 180/12 Me.

bei Mischkonsum mit Alkohol oder illegalem Cannabis.[334] Wird Cannabis ärztlich erst nach Verstoß gegen das Trennungsgebot (Nr. 9.2.2) verschrieben, bedarf es der Prüfung der Fahrerlaubnisbehörde, ob Zweifel an der Fahreignung bestehen.[335]

9.5 schließt eine Fahreignung nach Entgiftung und Entwöhnung nach einjähriger Abstinenz nicht aus, wenn regelmäßige Kontrollen durchgeführt werden.

9.6.1 und 9.6.2 schließen die Fahreignung bei Dauerbehandlung mit Arzneimitteln bei Vergiftung bzw. Beeinträchtigung der Leistungsfähigkeit zum Führen von Kfz unter das erforderliche Maß aus.

Bestimmungsgemäßer Gebrauch von für einen bestimmten Krankheitsfall ärztlich verschriebenem Cannabis ist eine Dauerbehandlung mit Arzneimitteln und muss in Bezug auf die Fahreignung gemäß den Begutachtungsleitlinien zur Kraftfahreignung[336] bewertet werden.[337] Voraussetzung der Fahreignung wäre eine zuverlässige Einnahme nach der ärztlichen Vorgabe, keine dauerhaften Beeinträchtigungen der Leistungsfähigkeit, keine verkehrsmedizinisch relevante Ausprägung der Grunderkrankung im Hinblick auf die sichere Verkehrsteilnahme, Gewährleistung von freiwilligem und selbstständigem Verzicht auf Verkehrsteilnahme bei aktuell gegebener Verkehrsunsicherheit.[338]

Für die Substitution sind spezielle Regelungen möglich. Methadon- oder Buprenorphinpatienten kann unter der Bedingung, dass sie nur diesen Stoff konsumieren und darauf eingestellt und auch sonst zuverlässig sind, die Fahrerlaubnis gewährt werden, da diese Stoffe in diesem Falle als Arzneimittel einzustufen sind und die Fahreignung hier erst bei missbräuchlicher Einnahme ver-

334 BayVGH, Beschluss vom 29.4.2019 – 11 B 18.2482.

335 Ebenda.

336 BASt, Begutachtungsleitlinien zur Kraftfahreignung, Stand 31.12.2019.

337 OVG NRW, Beschluss vom 5.7.2019 – 16 B 1544/18.

338 Ebenda.

neint wird.[339] Zumindest bei der Methadonsubstitution ist die Annahme der Ungeeignetheit zunächst die Regel.[340] Beigebrauch anderer psychoaktiver Substanzen, auch Alkohol, führt zur Negierung der Zuverlässigkeit.[341]

Die Vorschriften schützen die Sicherheit des Straßenverkehrs in präventiver Weise. Es soll verhindert werden, dass Betäubungsmittelkonsumenten oder auch Personen, die Betäubungsmittel nur gelegentlich missbrauchen, unerkannt am Straßenverkehr unter Drogeneinfluss teilnehmen und diesen durch drogenbedingte Unzulänglichkeiten gefährden. Entsprechend soll auch in Bezug auf fahrerlaubnisfreie Fahrzeuge wie Fahrräder und Mofas verfahren werden.[342]

e) Führerscheinbeschlagnahme durch die Polizei

Nach einer Verkehrsstraftat unter Verwendung eines Kraftfahrzeugs kann ein Führerschein – auch durch die Polizei – sichergestellt (§ 94 Abs. 1 StPO) bzw. beschlagnahmt (§ 94 Abs. 2 StPO) werden, denn gem. Abs. 3 gelten die Absätze 1 und 2 des § 94 StPO auch für Führerscheine, die der Einziehung unterliegen. Es müssen die Voraussetzungen gem. § 69 Abs. 1 StGB vorliegen: Der Täter muss dringend tatverdächtig sein, eine rechtswidrige, nicht zwingend schuldhafte Tat im Zusammenhang mit dem Führen eines Kraftfahrzeugs oder unter Verletzung der Pflichten eines Kraftfahrzeugführers begangen zu haben; hieraus muss sich die Prognose zur Ungeeignetheit zum Führen von Kraftfahrzeugen ergeben. Ferner muss wahrscheinlich sein, dass das Gericht den Führerschein im Verfahren gem. § 111 a StPO entziehen wird.

Regelfälle für die Ungeeignetheit sind demnach (siehe § 69 StGB Abs. 2 StGB) insbesondere die Vergehen nach den §§ 316, 315 c

339 Schöch, Blutalkohol 2005, S. 359.

340 Ebenda, S. 360.

341 VG Oldenburg, Beschluss vom 17.6.2016 – 7 B 2377/16.

342 VG Hannover, Beschluss vom 21.12.2007 – 9 B 4217/07.

und 323a StGB. Die Vorschrift schützt die Verkehrssicherheit, weshalb die Ungeeignetheit einen Bezug hierzu haben muss.[343]

Der nichtdeutsche Führerschein eines Bürgers eines anderen EU-Staates oder eines anderen Vertragsstaates des Abkommens über den Europäischen Wirtschaftsraum kann gem. § 69b StGB in Verbindung mit § 111a Abs. 3 StPO ebenfalls unter den gleichen Bedingungen wie der eines Bürgers der BRD beschlagnahmt werden, wenn dieser seinen ordentlichen Wohnsitz im Inland hat.

Hat der Fahrzeugführer keinen ordentlichen Wohnsitz im Inland, darf keine Sicherstellung oder Beschlagnahme zum Zwecke der Eintragung eines Vermerks auf einem EU-Kartenführerschein erfolgen, denn nach Klarstellung europäischer Rechtsprechung dürfen Eintragungen auf EU-Kartenführerscheinen nur durch den Staat, in dem der Fahrerlaubnisinhaber seinen ordentlichen Wohnsitz hat, vorgenommen werden.[344] Eine Benachrichtigung des EU-Staates, in dem sich der Wohnsitz befindet, zum Zwecke einer dortigen Eintragung ist denkbar. Zur Überprüfung der aktuellen Gültigkeit einer solchen Fahrerlaubnis bleibt allein die Datenabfrage.

Der nichtdeutsche Führerschein eines anderen Ausländers kann gem. § 111a Abs. 6 i. V. m. § 94 Abs. 3 StPO vorübergehend beschlagnahmt werden, um eine Eintragung darin vorzunehmen, aus der hervorgeht, dass die Fahrerlaubnis für das Hoheitsgebiet der BRD entzogen ist.

Die Sicherstellung bzw. Beschlagnahme bewirkt, sofern der Führerschein sich tatsächlich im Besitz der Behörden befindet, ein Verbot des Führens von Kraftfahrzeugen. Die Zuwiderhandlung ist nach § 21 StVG (Fahren ohne Fahrerlaubnis) strafbar.

Die Anordnung der Beschlagnahme obliegt dem Richter, bei Gefahr im Verzuge auch der Staatsanwaltschaft und ihren Ermittlungspersonen (§ 98 Abs. 1 StPO). Das Beantragen der richterlichen Bestätigung binnen dreier Tage ist bei Widerspruch gegen die Beschlag-

343 Stange, StV 2002, S. 262.

344 EuGH, Urteil vom 29.4.2021 – C-56/20.

nahme erforderlich (§ 98 Abs. 2 StPO). In der Regel geht die richterliche Bestätigung bzw. Anordnung mit der vorläufigen Entziehung der Fahrerlaubnis gem. § 111a Abs. 3 StPO einher. Der Betroffene ist gem. § 98 Abs. 2 StPO über seine Rechte zu belehren. Ein Verzeichnis über die sichergestellten Sachen ist auf Verlangen gem. § 107 Satz 2 StPO auszuhändigen. Sichergestellte Gegenstände sind gegen Verwechslung zu kennzeichnen (§ 109 StPO).

Eine Sicherstellung bzw. Beschlagnahme des Führerscheins durch die Polizei kommt bei Ordnungswidrigkeiten nicht in Betracht.

f) Unterbinden der Weiterfahrt

Zur Vermeidung akuter Gefährdungen ist, ggf. auch wenn beim Führen nach Konsum berauschender Mittel keine Ordnungswidrigkeit oder Straftat vorliegen sollte, ein Verbot der Weiterfahrt durch den einschreitenden Polizeibeamten anzuordnen; dieses muss unter Umständen durch Sicherstellung des Fahrzeugschlüssels, des Fahrzeugs selbst oder, wenn es überhaupt nicht anders möglich ist, durch Ingewahrsamnahme durchgesetzt werden. Die einschlägigen polizeirechtlichen Bestimmungen, in der Regel zunächst die sogenannten „Auffangmaßnahmen“ oder „Allgemeinverfügungen“ wie beispielsweise § 8 PolG NW, und weiterführende Eingriffsbefugnisse sind hier unter Berücksichtigung der Verhältnismäßigkeit und unter Beachtung der einschlägigen Formvorschriften anzuwenden.

Hinweis

Sofern hier Markennamen verwendet wurden, handelt es sich um Eigentum der jeweiligen Firmen.

Sollten die Präparate aktuell erhältlich sein, so sei angemerkt, dass ein möglicher Missbrauch oder krimineller Gebrauch nicht in den Verantwortungsbereich der entsprechenden Firmen fällt.

Soweit Internetadressen genannt sind, garantiert der Autor nicht für deren Inhalte, Aktualität und Verbindlichkeit.

Irrtümer vorbehalten.

Schnellübersicht

Schaubild § 24 a Abs. 2 StVG

Führen eines Kfz
|
Öffentlicher Straßenverkehr
|
Wirkung von berauschenden Mitteln gem.
Anlage (siehe unten)
Wirkung = Nachweis im Blut ab analytischem Grenzwert

Ausnahme: Mittel ärztlich verordnet für
konkreten Krankheitsfall

Gem. Abs. 3 auch Fahrlässigkeit strafbar

Schaubild § 315 c Abs. 1 Nr. 1 StGB

Führen eines Fahrzeugs (nicht nur Kfz)
|
Öffentlicher Straßenverkehr
|
Wirkung von Alkohol oder anderen
berauschenden Mitteln oder körperliche
oder geistige Mängel
|
dadurch
|
Fahrunsicherheit
|
dadurch
|
Gefährdung
von

Leib oder Leben eines anderen	fremden Sachen von bedeutendem Wert

(Gefährdung geht aus öffentlichem
Straßenverkehr hervor, kann aber sowohl
darin als auch außerhalb wirken)

Gem. Abs. 2 auch Versuch strafbar
Gem. Abs. 3 Fahrlässigkeit strafbar

Schaubild § 316 StGB

Führen eines Fahrzeugs (nicht nur Kfz)

|

Verkehr
(Straßenverkehr meint den öffentlichen; ansonsten auch Schiffs-, Eisenbahn-, Luftverkehr)

|

Wirkung von Alkohol oder anderen berauschenden Mitteln

|

dadurch

|

Fahrunsicherheit
(bei berauschenden Mitteln derzeit nur relative, bei Alkohol auch absolute)

<u>Gem. Abs. 2 auch Fahrlässigkeit strafbar</u>

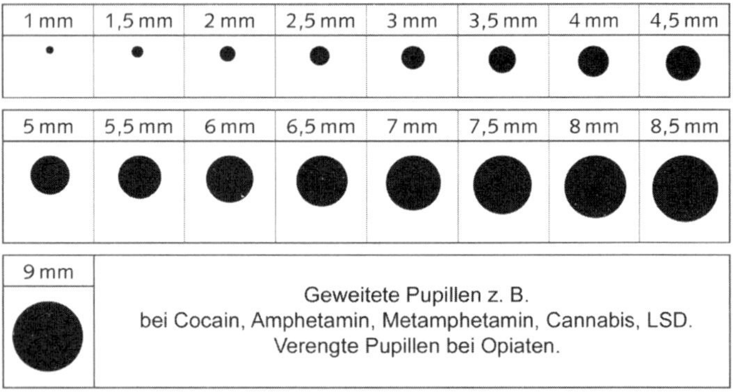

Geweitete Pupillen z. B.
bei Cocain, Amphetamin, Metamphetamin, Cannabis, LSD.
Verengte Pupillen bei Opiaten.

Literaturverzeichnis und Quellenverzeichnis

Bücher

Berr, Wolfgang / Krause, Martin / Sachs, Hans: Drogen im Straßenverkehrsrecht (Recht in der Praxis). 1. Auflage. C.F. Müller. Heidelberg, München, Landsberg, Berlin 2007.

Berz, Ulrich / Burmann, Michael (Herausgeber) und andere: Handbuch des Straßenverkehrsrechts, Band 2. 43. Auflage. Beck'sche Verlagsbuchhandlung. München 2021.

Beubler, Eckhard / Haltmayer, Hans / Springer, Alfred: Opiatabhängigkeit: interdisziplinäre Aspekte für die Praxis. 2. Auflage. Springer. Wien, New York 2007.

Brandenberger, Hans / Maes, Robert A. A.: Analytical Toxicology for Clinical, Forensic and Pharmaceutical Chemists. 1. Auflage. De Gruyter. New York 1997.

Burmann, Michael / Heß, Rainer / Hühnermann, Katrin / Jahnke, Jürgen: Straßenverkehrsrecht. 26. Auflage. C.H. Beck Verlag. München 2020.

Burns, Marcelline / Atasoy, Sevil: Medical-legal aspects of abused substances: old and new, licit and illicit. 1. Auflage. Lawyers and Judges Publishing. Tucson 2005.

Cole, Spencer M.: New Research on Street Drugs. 1. Auflage. Nova Science Pub Inc. New York 2006.

Dreher, Jan: Psychopharmakotherapie griffbereit: Medikamente, psychoaktive Genussmittel und Drogen. 2. Auflage. Schattauer. Stuttgart 2016.

Fischer, Thomas: Strafgesetzbuch und Nebengesetze. 68. Auflage. C.H. Beck Verlag. München 2021.

Geschwinde, Thomas: Rauschdrogen. 4. Auflage. Springer-Verlag. Berlin 1998.

Golka, Klaus / Hengstler, Jan / Letzel, Stephan / Nowak, Dennis: Verkehrsmedizin – arbeitsmedizinische Aspekte: Orientierungshilfe für Praxis, Klinik und Betrieb. 1. Auflage. Ecomed Medizin/Hüthig, Jehle, Rehm. Heidelberg 2011.

Große Hokamp, Eva Maria Friederike: Evaluation von Speichel-Drogenvortests im Rahmen der allgemeinen Verkehrskontrolle. Dissertation. Rheinische Friedrich-Wilhelms-Universität Bonn. Münster 2015.

Gründer, Gerhard / Benkert, Otto: Handbuch der Psychopharmakotherapie. 2. Auflage. Springer. Berlin 2011.

Hallwachs-Baumann, Gabriele: Labormedizin: Klinik-Praxis-Fallbeispiele. 2. Auflage. Springer. Wien 2011.

Hentschel, Peter / König, Peter / Dauer, Peter: Straßenverkehrsrecht. 46. Auflage. C.H. Beck Verlag. München 2021.

Joachimski, Jupp / Haumer, Christine: Betäubungsmittelgesetz. 7. Auflage. Richard Boorberg Verlag. Stuttgart 2002.

Körner, Harald Hans / Patzak, Jörn / Volkmer, Mathias / Fabricius, Jochen: Betäubungsmittelgesetz und Arzneimittelgesetz. 9. Auflage. C.H. Beck Verlag. München 2019.

Kröber, Hans-Ludwig / Dölling, Dieter / Leygraf, Norbert / Saß, Henning: Handbuch der forensischen Psychiatrie-Band 2: Psychopathologische Grundlagen und Praxis der forensischen Psychiatrie im Strafrecht. 1. Auflage. Springer. Berlin 2010.

Dies.: Handbuch der forensischen Psychiatrie: Band 5: Forensische Psychiatrie im Privatrecht und Öffentlichen Recht. 1. Auflage. Springer. Berlin 2009.

Labbate, Lawrence A. / Rosenbaum, Jerrold F. / Fava, Maurizio / Arana, George W.: Handbook of Psychiatric Drug Therapy. 6. Auflage. Wolters Kluwer. Philadelphia 2009.

Madea, Burkhard: Praxis Rechtsmedizin: Befunderhebung, Rekonstruktion, Begutachtung. 1. Auflage. Springer. Berlin 2003.

Madea, Burkhard / Dettmeyer, Reinhard / Mußhoff, Frank: Basiswissen Rechtsmedizin. 1. Auflage. Springer. Berlin 2007.

Madea, Burkhard / Mußhoff, Frank / Berghaus, Günter: Verkehrsmedizin – Fahreignung, Fahrsicherheit, Unfallrekonstruktion. 1. Auflage. Deutscher Ärzte-Verlag. Oktober 2006.

Meyer-Goßner, Lutz / Schmitt, Bertram: Strafprozessordnung mit GVG und Nebengesetzen. 64. Auflage. C.H. Beck Verlag. München 2021.

Rudgley, Richard: Lexikon der psychoaktiven Substanzen. 2. Auflage. Econ & List. München 1999.

Nyberg, Elisabeth / Stieglitz, Rolf-Dieter / Hofecker-Fallahpour, Maria: Ratgeber ADHS bei Erwachsenen: Informationen für Betroffene und Angehörige. 1. Auflage. Hogrefe. Göttingen 2013.

Schmidbauer, Wolfgang / vom Scheidt, Jürgen: Handbuch der Rauschdrogen. 1. Auflage. Nymphenburger. München 1997.

Schwabe, Ulrich / Paffrath, Dieter: Arzneiverordnungsreport 2019. Jährlich neu aufgelegt. Springer. Heidelberg 2019.

Stoppard, Miriam: Alles über Drogen. 1. Auflage. Urania-Ravensburger. Berlin 2000.

Taylor, Lawrence / Oberman, Steven: Drunk driving defense. 6. Auflage. Wolters Kluwer. New York 2006.

Thamm, Berndt Georg: Mehrzweckwaffe Rauschgift. 1. Auflage. Verlag Deutsche Polizeiliteratur. Hilden 1994.

Tretter, Felix: Suchtmedizin kompakt – Suchtkrankheiten in Klinik und Praxis. 3. Auflage. Schattauer. Stuttgart 2016.

Weber, Klaus: Betäubungsmittelgesetz. 5. Auflage. C.H. Beck Verlag. München 2017.

Werry, John Scott / Aman, Michael G.: Practitioner's Guide to Psychoactive Drugs for Children and Adolescents. 2. Auflage. Plenum Medical Book Company. New York 2013.

Zeitschriften (zitiert nach Jahr und Seiten)

Kriminalistik. Kriminalistik Verlag Hüthig GmbH. Heidelberg. Zitierte Autoren: Knecht 2002, Seite 403. Hansjakob / Bovens 2002, S. 473 ff.

Der Strafverteidiger. Carl Heymanns Verlag KG. Köln, Berlin. Zitierter Autor: Falk Stange 2002, Seiten 261 ff.

Neue Justiz. C.H. Beck Verlag. München. Zitierte Autoren: Rüdiger Balke / Wolfgang Frese / Felix Koehl 2020, S. 233 ff. Felix Koehl 2020, S. 558.

Neue Zeitschrift für Strafrecht-Rechtsprechungsreport. C.H. Beck Verlag. München.

Neue Zeitschrift für Strafrecht. C.H. Beck Verlag. München.

Neue Zeitschrift für Verkehrsrecht. C.H. Beck Verlag. München. Zitierte Autoren: Carsten Krumm 2014, S. 441 ff. Dr. Ludwig Gehrmann 2005, S. 6. Kurt Rüdiger Maatz, Thomas Daldrup, Nona Mindiashvili, Stefanie Ritz-Timme, Benno Hartung 2016, S. 460 ff. Wolfgang Haase / Dr. Hans Sachs 2008, S. 221. Dr. Adolf Rebler 2020, S. 407.

Sammlung der Entscheidungen des BGH in Strafsachen. Carl Heymanns Verlag KG. Köln, Berlin.

Blutalkohol. Steintor-Verlag. Lübeck. Zitierte Autoren: Hans-Jürgen Maurer, Vol. 37/2000, Seiten 70 ff. Rocholz / Westphal / Wiesbrock / Schütz, Vol. 41/2004, Seiten 319 ff. Schöch, Vol. 42/2005, Seiten 354 ff. Grenzwertkommission, Vol. 44/2007, S. 311.

Zeitschrift für Verkehrssicherheit. TÜV Verlag GmbH. Köln. Zitierter Autor: Jörg Kubitzki 2001, Seiten 178 ff.

Verkehrsrechtssammlung. Erich Schmidt Verlag. Berlin, Bielefeld, München.

Weitere Quellen

ABDA – Bundesvereinigung Deutscher Apothekerverbände e. V. (Autoren: Dr. Ernst Pallenbach, Dr. Rüdiger Holzbach, Prof. Dr. Christian Haasen, Prof. Dr. Rolf Schubert). Modellprojekt Ambulanter Entzug benzodiazepinabhängiger Patienten in Zusammenarbeit von Apotheker und Hausarzt. Sachbericht. August 2013.

ADAC. Drogen im Straßenverkehr. Broschüre. 2014.

AGVPA (Arbeitsgemeinschaft Verkehrspolizeilicher Angelegenheiten). Verkehrsunfälle unter Beteiligung der Generation 65+ (Kurzfassung). Bericht. 25. Juni 2020.

Barmer. Drei Jahre Cannabis-Gesetz – Mehr als zwei Drittel der Anträge werden bewilligt. Pressemitteilung. https://www.barmer.de/presse/presseinformationen/pressemitteilungen/drei-jahre-cannabis-gesetz---mehr-als-zwei-drittel-der-antraege-werden-bewilligt--225248. 7. Februar 2020.

Bundesinstitut für Arzneimittel und Medizinprodukte (BfArM). Bericht zum Substitutionsregister. Bericht. Januar 2021.

Bundeskriminalamt. Rauschgiftkriminalität. Bundeslagebild 2019. Juli 2020.

Bundeskriminalamt. Rauschgiftkriminalität. Bundeslagebild 2020. Juni 2021.

Bundesinstitut für Risikobewertung. Tetrahydrocannabinolgehalte sind in vielen hanfhaltigen Lebensmitteln zu hoch – gesundheitliche Beeinträchtigungen sind möglich. Stellungnahme Nr. 034/2018. Bericht. 8. November 2018.

Bundesministerium für Gesundheit. Glossar und Antworten zu Cannabis als Medizin. Information. www.bundesgesundheitsministerium.de/service/begriffe-von-a-z/c/cannabis/faq-cannabis-als-medizin.html. Stand 1. August 2021.

BfArM. Vergabeverfahren erfolgreich abgeschlossen: BfArM erteilt verbliebene vier Zuschläge für Anbau von Cannabis zu medizinischen Zwecken. Pressemeldung Nummer 4/19 vom 20. Mai 2019. www.bfarm.de/SharedDocs/Pressemitteilungen/DE/2019/pm4–2019.html. Stand 31. Juli 2021.

BfARM. Cannabis als Medizin. Information. www.bfarm.de/DE/Bundesopiumstelle/Cannabis-als-Medizin/_node.html. Stand 1. August 2021.

Bundesgesetzblatt. Gesetz zur Änderung betäubungsmittelrechtlicher und anderer Vorschriften vom 9. März 2017. Gesetz zur effektiveren und praxistauglicheren Ausgestaltung des Strafverfahrens vom 23. August 2017.

Bund gegen Alkohol und Drogen im Straßenverkehr e. V. Alkohol und Drogen im Straßenverkehr. Informationsschrift (2. Auflage). 2004.

Firma Novartis Pharma GmbH. Beipackzettel für Ritalin® Adult Hartkapseln mit veränderter Wirkstofffreisetzung (10 mg bis 40 mg). Beipackzettel. September 2020.

Gesellschaft für Toxikologische und Forensische Chemie (Grenzwertkommission). Beschluss zu § 24a (2) StVG vom 20. November 2002 (und weitere). Beschluss/Empfehlung. 2002, 2007, 2015.

Bundesanstalt für Straßenwesen und Universität des Saarlandes – Rechtsmedizinisches Institut – (Leiter: Manfred Möller). Schulungsprogramm für Polizeibeamte „Drogenerkennung im Straßenverkehr". Bericht (2. Auflage). November 2002.

Bundesanstalt für Straßenwesen (Autoren: Dr. Nicole Gräcmann / Dr. Martina Albrecht). Begutachtungsleitlinien zur Kraftfahreignung. Bericht. Stand 31. Dezember 2019.

Deutscher Verkehrssicherheitsrat e. V. Drogen im Straßenverkehr. Faktensammlung. 1998.

Deutsche Apotheker Zeitung. DAZ Nr. 36 vom 6. September 2018, S. 25. Bericht. 2018.

Spiegel-Online. http://www.spiegel.de/wirtschaft/drogenwirtschaft-afghanistans-opium-felder-bluehen-wieder-a-188764.html. 23. März 2002.

Focus Magazin Verlag GmbH. Focus Magazin. Focus 12/2001, S. 359. 2001.

Bundesanstalt für Straßenwesen (Autoren: Inger Marie Bernhoft / René Mathijssen / Tom Blencowe / Anna Pehrsson / Pirjo Lillsunde und weitere). DRUID-Task 3.2 Analytical evaluation of oral fluid screening devices and preceding selection procedures. Bericht. März 2010.

SPI Forschung gGmbH (An-Institut MISTEL der Hochschule Magdeburg-Stendal). www.peer-projekt.de. Informationsseite zum Projekt. Juli 2021.

EBDD (Autoren: Tim Pfeiffer-Gerschel / Loretta Schulte / Esther Dammer / Krystallia Karachaliou / Axel Budde / Christina Rummel). Bericht 2016 des nationalen REITOX-Knotenpunktes für Deutschland an die EBDD / Verschiedene Workbooks (u. a. Drogen und Kriminalität). Bericht. November 2016.

EBDD (Autoren: Franziska Schneider / Esther Neumeier / Krystallia Karachaliou / Charlotte Tönsmeise / Maria Friedrich / Tim Pfeiffer-Gerschel). Bericht 2020 des nationalen REITOX-Knotenpunkts an die EMCDDA (Datenjahr 2019 / 2020). Bericht. 2020.

EBDD (Autoren: Tim Pfeiffer-Gerschel / Ingo Kipke / Stephanie Flöter / Lisa Jakob / Peter Raiser / Alicia Casati / Johanna Wenig). Bericht 2011 des nationalen REITOX-Knotenpunktes an die EBDD. Bericht. Deutschland, Oktober 2011.

EBDD (Autoren: Roland Simon / Marion David-Spickermann / Gabriele Bartsch). Bericht 2006 des nationalen REITOX-Knotenpunktes an die EBDD. Bericht. Deutschland, Oktober 2006.

EBDD. Europäischer Drogenbericht / Trends und Entwicklungen. Bericht. Luxemburg, 2021.

EMCDDA (Supervisor: Jean-Michel Costes). 2010 National Report (2009 data) to the EMCDDA by the REITOX National Focal Point. Bericht. Frankreich, November 2010.

EMCDDA (Projektleiter: Dr. Roumen Sedefov). Report on the risk assessment of BZP in the framework of the Council decision on new psychoactive substances. Bericht. 2009.

EMCDDA (Salme Ahlström et alt.). Report on the risk assessment of GHB in the framework of the joint action on new synthetic drugs. Bericht. 2002.

EMCDDA (Michael Gossop). Substanzkonsum im Alter – ein vernachlässigtes Problem. Bericht. 2008.

EMCDDA. New psychoactive substances: global markets, global threats and the COVID-19 pandemic. An update from the EU Early Warning System. Bericht. Dezember 2020.

Europol und EMCDDA. Joint report on a new psychoactive substance: 1-(3-chlorophenyl) piperazine (mCPP). Bericht. 2005.

International Narcotics Control Board (United Nations). Report 2015. Bericht. 2. März 2016.

International Narcotics Control Board (United Nations). Psychotropic Substances 2020, Statistics for 2019, Assessments of Annual Medical and Scientific Requirements for 2021. Bericht. Wien, 2020.

KBA. https://www.kba.de/DE/Statistik/Kraftfahrer/Verkehrsauffael ligkeiten/Ueberblick/ueberblick_inhalt.html?nn=2525894. Inter netseite. 19. Juni 2021.

Schweizerisches Eidgenössisches Departement des Innern EDI, Bundesamt für Gesundheit BAG, Direktionsbereich Verbraucherschutz. Factsheet zu GHB, GBL, BD. Datenblatt / Report. Juni 2009.

UNODC World Drug Report 2020. Bericht. Juni 2020.

UNODC & Islamic Republic of Afghanistan. Ministry of Counter Narcotics. Afghanistan. Opium Survey 2015. Bericht. März 2016.

UNODC Afghanistan Opium Survey 2020, Executive Summary. Bericht. April 2021.

Drogenbeauftragte der Bundesregierung / Bundesministerium für Gesundheit. Drogen- und Suchtbericht. Berichte. Mai 2011 und November 2020.

EMCDDA. www.emcdda.europa.eu/publications/drug-profiles/bzp#price. Internetseite. Oktober 2016.

Polizei Berlin. https://www.berlin.de/polizei/aufgaben/bussgeldstelle/alkohol-und-drogen/. Internetseite. Juli 2021.

Kraftfahrt-Bundesamt. Bundeseinheitlicher Tatbestandskatalog. Katalog. 9. November 2021.

Stichwortverzeichnis

C

R

S